大夏书系·全国中小学班主任培训用书

许丹红 著

智慧班主任的带班艺术

ZHIHUI BANZHUREN DE
DAIBAN YISHU

华东师范大学出版社
全国百佳图书出版单位
·上海·

图书在版编目（CIP）数据

智慧班主任的带班艺术 / 许丹红著 . —上海：华东师范大学出版社，2022
ISBN 978-7-5760-2900-0

Ⅰ.①智 ... Ⅱ.①许 ... Ⅲ.①小学－班主任工作 Ⅳ.① G625.1

中国版本图书馆 CIP 数据核字（2022）第 095771 号

大夏书系·全国中小学班主任培训用书

智慧班主任的带班艺术

著　　者	许丹红
责任编辑	卢风保
责任校对	杨　坤
封面设计	奇文云海·设计顾问

出版发行	华东师范大学出版社
社　　址	上海市中山北路 3663 号　邮编　200062
网　　址	www.ecnupress.com.cn
电　　话	021-60821666　行政传真　021-62572105
客服电话	021-62865537
邮购电话	021-62869887　地址　上海市中山北路 3663 号华东师范大学校内先锋路口
网　　店	http://hdsdcbs.tmall.com/

印　刷　者	北京季蜂印刷有限公司
开　　本	700×1000　16 开
插　　页	1
印　　张	14.5
字　　数	215 千字
版　　次	2022 年 9 月第一版
印　　次	2025 年 1 月第四次
印　　数	8 101 - 9 100
书　　号	ISBN 978-7-5760-2900-0
定　　价	55.00 元

出版人　王　焰

（如发现本版图书有印订质量问题，请寄回本社市场部调换或电话 021-62865537 联系）

目 录

第一辑 多彩的班级生活

1. 借花献佛，给幸福感　3
2. 顺势迁移，树立目标　6
3. 透析现象，追根溯源　8
4. 严抓作业，渗透理财　11
5. 展示游记，身临其境　13
6. 全科关注，协同育人　16
7. 浙大研学，独自锻炼　19
8. 全科免试，谁来争霸　22
9. 风雅少年，策马扬鞭　25
10. 众志成城，欢乐年会　29
11. 拜年视频，增加气氛　32
12. 努力法则，寒假不松　37
13. 定作息表，提有效性　40
14. 腾讯文档，调研帮手　46
15. 现场比赛，奖杯励志　51

第二辑 多情的心理关注

1. 设身处地，上门家访　　57
2. 通识培训，关注心理　　60
3. 破阵解围，联名上书　　64
4. 置吹风机，以备不虞　　67
5. 榜样引路，迈步向前　　70
6. 友善交往，弄清界限　　74
7. 放件裤子，闭关修炼　　77
8. 呵护弱小，拉近情感　　80
9. 微信点赞，激励人心　　83
10. 做强优势，做大亮点　　86
11. 祖辈楷模，形成磁场　　89
12. 拿来主义，妈妈助阵　　92

第三辑 多味的立德树人

1. 义工劳动,将功补过　97
2. 做小助手,勤帮老师　99
3. 小抄课文,修炼勤功　101
4. 传正能量,支持弱者　104
5. 高级雅座,VIP定制　106
6. 送上礼物,表达喜欢　108
7. 一视同仁,伸张正义　112
8. 用同理心,握手言和　115
9. 当众唱票,逼迫改变　118
10. 出其不意,吃个鸡腿　120
11. 积极发言,有序推进　122
12. 适当强势,学会敬畏　125

第四辑　多姿的团队建设

1. 非正式团，正向导能　131
2. 安静午餐，有条不紊　135
3. 花五分钟，教室干净　138
4. 专物专放，统一规定　141
5. 专人负责，提高效率　144
6. 收紧袋口，干部助力　148
7. 各司其职，有序规划　150
8. 身先士卒，带头干活　153
9. 公益情怀，头羊带动　157
10. 抵制诱惑，整理垃圾　160
11. 打铁自硬，参与管理　163
12. 行动支持，暗中指点　167
13. 公益邮电，奔波忙碌　170
14. 拖地团队，齐心协力　172
15. 教室装水，义工帮忙　175

第五辑　多元的破解之道

1	打超高分，魔力语言	181
2	花五分钟，吟诵经典	184
3	加个前缀，增加名额	186
4	男女竞争，共同前进	189
5	奖生一长，激励唤醒	192
6	软实力强，扬正气场	194
7	顺其自然，CP 云散	197
8	送上温暖，最美修行	200
9	推荐专家，汲取养分	203
10	长兄如父，语言引领	206
11	即兴分享，视频拍摄	209
12	主持天团，风华绝代	212
13	学科行家，课代表团	215

后记　不断朝向明亮那方　　219

第一辑

多彩的班级生活

美好的节日，因为有了借花献佛的美好插曲，变得格外有意思。看到孩子们的笑脸如鲜花般灿烂，那一份份甜蜜的幸福感深深感染着我们。有智慧的班主任，努力让每一个日子变得美美的。

1 借花献佛，给幸福感

金风送爽的日子，骄阳依然似火。一年一度的教师节到了，一早，孩子们送来了各色卡片、小盒巧克力、小鲜花、小绿植等礼物。桌子上堆满了各色小礼物，让做老师的我们，心中满满的幸福感。

向阳花开心情美。旦晨送来了一朵绒线向日葵：那黄黄的花瓣，褚色的花盘，绿色的叶子，如真如幻，生动极了，那是他妈妈前一夜编织赶出来的。我仿佛看到了台灯下旦晨妈妈精心编织的温馨场景。

刚从教室回来，看见楼校、沈校两位领导来办公室慰问了。一束鲜花，一个红包，心意满满。薇薇和燕子两位年轻的美女老师扛着相机来拍照，一位手里拿着单反相机，一位手里拿着拍立得（一次成像相机），咔嚓一声，立马出来一张彩色照片，赠送到我的手中。照片拿在手中，心情美美的。

我以为领导赠送的小红包中会有两张红票票，打开一看，是一张写着"68"的号码条！"请在中午去食堂二楼领取一份小惊喜。"领导附加了这么一句。这一次的教师节，神秘之余，满满的期待和幸福。

到底是什么礼物呢？这个问题一上午不停地在脑海中闪烁。

中午，我兴冲冲来到食堂二楼，顾不上吃饭，先去领取礼物。这时，我发现学校送给老师的小礼物琳琅满目，有小米充电宝、雨伞、电动牙刷、茶艺七件套等，价钱不相上下，品种不同而已。我喜滋滋领到了茶艺七件套：一个泡茶喝的中型玻璃茶壶杯，还有与之相配的六个小玻璃杯。

从此之后，喝花茶、泡龙井，我的教育生活会多出一丝惬意和欢乐。我的眼前立刻浮现出这样的悠闲画面。

也就一百元左右的节日礼物，这样的送取方式，备感惊喜，心底洋溢着阵阵欢乐。若是学校下发，让老师自己去领，能有这样愉悦的感觉吗？好生钦佩德育处两位年轻领导的创意，出其不意，惊喜不断，这就是送礼物的艺术呀！

相同的道理，咱们做老师的也需要有这样的创新，这样的出其不意。

看着桌面上孩子们送来的一盒德芙巧克力，正在减肥的我，对此并不感冒。要不，当作礼物回送给孩子们吧！我拿出来仔细数了一数，一盒24块，每人一块不够。怎么办呢？看到还有两袋好时巧克力，赶紧拆开，共12颗，还是不够。

我问搭班的小何老师："巧克力你喜欢吃吗？"小何老师说："不喜欢！平时不吃的！"我向小何老师要了一盒，告诉他，等一下奖给孩子们吃。

薇薇老师听见了，赶紧送来了一盒。科学潘老师听见了，也赶紧送来了一盒。哇！整整四大盒巧克力，足够56位孩子开吃了。

下午，上道德与法治课（以下简称"道法课"），迈着轻松愉快的脚步，捧着四盒德芙巧克力，我来到了教室。我举了举巧克力："今天是一个美好的日子，四位科任老师为你们准备了巧克力，一起欢度教师节！"

话音刚落，孩子们一个个如欢乐的小鸟，情不自禁鼓掌。

我把一块块巧克力发到孩子们手中。瞧，这些孩子，一个个拿着巧克力，慢慢摩挲，细细欣赏，馋涎欲滴。没有我的开吃命令，想吃又不敢吃的样子，甚为可爱！

拿着巧克力，不给吃，那不是折腾他们吗？我心中暗暗想笑。"我们举起巧克力，先拍张照吧！"听到我的倡议，一个个高高举起了手中的巧克力，一张张小脸洋溢着欢乐。

"来段视频吧！孩子们，说点什么好呢？"我问。一个个献计献策，最后一致定为：祝老师们教师节快乐！我们会好好学习！

好！就这样说！

"祝老师们教师节快乐！我们会好好学习！"异口同声。我赶紧拍下影像。

开吃吧！我一声令下，孩子们迫不及待拆开包装纸，开始品尝。

天气炎热，有的孩子沁着手汗，拆不开，看到别的同学已开吃，急得如热锅上的蚂蚁，一路小跑到讲台，向我求助："许老师，我的拆不开！我的拆不开!"我顺手拿起教室里的剪刀,咔嚓一剪,他拿着巧克力兴冲冲回座开吃。

高温天气,巧克力如棉花般软绵绵的,有些融化。一个个孩子津津有味地品尝,甚至用嘴舔着包装纸上的巧克力汁,看他们那一副馋相,真想发笑。有这么馋吗?若在家中,估计还不想吃吧?身处这样一个氛围,才倍觉香甜好吃。

吃完巧克力,收拾好垃圾,一个个心满意足开始了上课。

我把孩子们发祝福的视频发到了班级微信群:教师节,四门主科老师给孩子们送来巧克力,祝孩子们甜甜蜜蜜、开开心心每一天!

家长朋友看到视频,纷纷留言:幸福的小鸿鹄们!感谢老师们的用心良苦!

赠人玫瑰,手有余香。美好的节日,因为有了借花献佛的美好插曲,变得格外有意思。看到孩子们的笑脸如鲜花般灿烂,那一份份甜蜜的幸福感深深感染着我们。

教育,一份如花的事业。一间暖暖的教室,一份真真的情意,一个美美的节日。

2 顺势迁移，树立目标

小何老师突然与我说："许老师，你有没有发现小乐喜欢小轶？"啊？有这么一回事？还真没发现呢！我的大脑快速转动着，哦，在课堂纪律的记录表格上，是有几次看到小乐在与同桌小轶说话。

小乐是一位敦实淳朴话不多的男生，个子高高，在语文、英语的学习上，还不错。相较于文科，理科明显弱些。何老师说，课下好几次看见小乐在追小轶，凭直觉觉得他对她有好感，也曾有同学悄悄反映过小乐喜欢小轶的事儿。哟！无风不起浪。哪个少年不怀春！懵懂的思春情绪，不经意之间，轻轻敲开了一条门缝儿呀！

我找了一个合适时间，把小乐叫到了办公室，我让他坐在我桌子旁边。开门见山，我直奔主题。

"听说，你有点喜欢小轶？"我压低声音，单刀直入。他停顿了一下，不好意思地点点头。"其实，许老师很尊重你这种单纯的小美好，你喜欢小轶，蛮有眼光哦！这个小姑娘成绩好，长得又漂亮。我也看着好！"我真诚地与他说。

"你感觉小轶喜欢你吗？"我问他。他的头摇得如拨浪鼓。"你想想，你身上有什么资本让小轶喜欢你呢？以你现在的成绩，小轶肯定看不上你，不会理你。你要想办法提升自己呀！等你成绩与她差不多甚至更高一个台阶的时候，可能会有比小轶更出色的女孩，像小邵班长那样成绩优异的女孩都会对你有好感呢！"我的表达引起了孩子的共鸣，他越来越认同我的观点，放松了一开始的警惕之心。

"怎么取得各方面的提高呢？"我问小乐。他忸怩地说："不知道。"

"准备一张纸片，上面写上'我要挑战小轶'这几个大字，张贴在写字台上方，把她当作挑战目标，当作奋斗之鞭，默默奋斗！若盲目采取追来追去的方式，女孩只会离你越来越远。"我告诉他，喜欢一位女孩，不宜从行动上追她，而要想办法缩小学习上与她的差距，让她注意到自己的存在，这才是硬道理。

听我这么说，小乐恍然大悟。

前两天，熙熙淌着眼泪哭哭啼啼跑来告诉我，不想与玲睿同桌了，说她太凶了！这学期，他已经是第二次来投诉同桌了。

哇！正好抓住这次机会，换个位置。

"请小乐与熙熙换个座位。"我刚宣布，玲睿在座位上说："我宁愿与熙熙坐一起，也不愿意与小乐同桌。"熙熙小跑着上来与我说："我愿意给玲睿一个机会！"

我对玲睿说："今天许老师是在宣布结果，不是在征求你的意见。你作为学习委员，应该想办法与每一位同学处理好关系。"

我想，作为老师，我应该伸出援助的手，让小乐心中炽热的情感暂时冷却。

不坐在一起了，降温不少，鲜少看见小乐对小轶的追赶，他向来最弱的数学，开始有了一点点起色。

蒙田说，灵魂如果没有确定的目标，它就会丧失自己。范戴克说，生命是一支箭——因此，你必须知道瞄准什么目标和如何运弓，然后把弓弦拉足，让箭飞射出去。树立目标，向有好感的优秀女生学习，努力追赶她的脚步。有了追赶的目标，小乐的学业一天比一天优秀了。

3 透析现象，追根溯源

正在进行的语文期中考试，整整 80 分钟。考试快结束的时候，突然听见煜翔一声清脆响亮的报告声：许老师，小 Z 和小全正在对答案。

啊？有这样的事情呀！记得小 Z 上一个单元语文成绩没考好，才 80 分，当时与她妈妈进行了电话沟通，她妈妈说一定好好关注。莫非家里给她的压力太大了？

我不动声色，先让这两位孩子交了卷，把他们叫到身边，问清了情况，他们对对答案这事都承认了。我告诉他们："出于对你们的负责，将各扣 10 分，以为惩戒。"两个孩子低着头没有声音。

小全家庭向来对孩子要求甚高，爸爸权威性强，对成绩很看重，小全怕期中考试考不好。小 Z 的成绩压力也大。但是，不管怎样，考试时对答案不对。我与双方家长进行了沟通：重视成绩本没有错，但更关键的是要注重孩子的学习习惯和学习过程，若考得不好，带孩子一起分析原因。两个家庭都与我说，一定带孩子好好反思。

中午，我在办公室里批考卷，何老师在批作业，班主任小助理张舒元在教室管理班级。猛然看到张舒元在反馈班级情况的记录单里写有这么一句话：小 F 喊报告很响亮，还双膝跪地。

天哪！这孩子怎么老是有这么怪异的行为呢？老是想吸引同学的注意力。他到底是要干什么呢？

我实在憋不住了，把记录单发给小 F 妈妈看，并发了一条语音：小 F 妈妈，这个宝贝怎么四年级了还这么不懂事呢！他妈妈在微信中告诉我，他这种行为早就被狠狠批评了，早告诉过他靠这种小丑行为引起人家的注意，只会让别人看不起。

我把孩子找来，让他说说为什么这么做。他一会儿挠头皮，一会儿抓手，说不出个所以然。我让他写300字的说明书，到底是为了什么要双腿下跪，喊个报告都惊天动地呢？

如挤牙膏一般，他挤呀挤：

我今天交好作业，进教室时大喊一声：报告！还学着古时候传信的人看见皇上的动作，嘭的一声跪了下来，这很不应该。那个时候，做这件事情的对与错，我没有分清。我现在想想，真的是很羞愧。我当时心里想：我做了这个动作，肯定比钱予泽的更有趣，会引来更多同学的注意，更多同学的笑。我分辨不出这是友善的笑还是嘲笑。我以后会好好学习，不再做这样的傻事了。

傻孩子，你果然是为了引起同学的注意而这么做的呀！越这样做，同学越不喜欢。

一波未平一波又起，小钱和高辰来举报小花欺负他们：小花总骂小钱笨，考试成绩差，以前坐在一起的时候，超过一点点"三八线"就用胳膊肘使劲靠，很疼；总自作主张，擅自拿高辰的文具盒之类，高辰有点受不了了。

小花写了300字说明书，她在里面写道："自己觉得不过分，只是想开个玩笑。"开个玩笑，却给同学带来如此不愉快，她说只是想与同学交朋友。越缺少朋友，越用奇怪动作去引起同学注意，就越交不到朋友。这几乎是这类孩子的共性。与小花妈妈取得联系，告诉了近期孩子的表现，希望妈妈关注并好好交流引导。

晚上，小F妈妈告诉我，在家里进行了惩罚——既然这么喜欢下跪，索性跪个够，让孩子跪了将近一小时。哎！虽然小F幼稚可笑的行为给班级管理带来了些许麻烦，但我蛮喜欢他。有一点点坏，有点点痞，有点点帅，有点点傻，凑成了鸿鹄班最有鲜明特色的小F。想想家长这样的措施，我莫名地心疼孩子。同为父母，我能体谅他们那恨铁不成钢的无奈感。

在班级中，他时而有怪异的行为，受漠视、受忽略、受轻视的感觉自然同时伴随着他，然而他骨子里好强，又想引起同学注意，导致了心理上的落差、行为上的怪异，只好靠搞怪耍帅拼命找存在感。该怎么帮这位孩子通过正常渠道找到真正属于他的存在感呢？不如扬长避短，帮孩子发挥好体育特长，再带动其他方面的发展。

4 严抓作业，渗透理财

周四要外出半天，去嘉兴南湖国际实验学校参加工作室的活动，恰逢隔壁四班马老师也外出听课一天，数学小何老师分身无术，一人无法兼顾。四班的孩子，聒噪些。我让小何老师重点顾好四班，至于我们鸿鹄班，中午我布置点作业，只需关注就行。

布置什么作业呢？上一周，不是让孩子们学习了烧番茄蛋花汤吗？那就布置一篇《烧番茄蛋花汤》吧！我在黑板上书写好习作的题目，提出要求，必须在学校完成，最好中午完成。

周五一早来到学校，看见办公桌上堆着习作本。挥笔批阅，哈哈，超级满意，连习作困难户——小冯同学都洋洋洒洒写了两页多，大部分同学写了三四页，看来对亲手实践过的内容题材，孩子们有话可写。

但最后一本习作本——宇梵的，令我大跌眼镜，只写了一页多三行。到教室里了解一下情况：中午时，他先订正数学作业，回来后，一直在玩，估计在构思习作，等中午自习结束铃声响，才写了三行。其他内容都是在晚托班上写的。哎！皮孩子就是这样，时不时如蜜蜂般蛰一下，当你费尽心力把这根刺拔掉，过段时间，狐狸尾巴就又在大庭广众下晃动，这就是所谓的螺旋式上升——反复吧！

这段时间，我重点抓作业品质。对孩子们的听课状态我向来要求比较高：全神贯注，眼睛要紧盯着授课老师。也有神游的孩子，比如坐第一排的小涵，时常掉线，进入神游状态。

的、地、得的用法等不该错的地方，严抓不怠！一个简单的抄写句子，俺家小朱同学和小全要抄写三遍才能过关，不是错这个就是错那个。不认真仔细、不严谨的孩子，作业状态较差。我告诉孩子们：只有平时认真对待作业,把每一次作业当作考试,考试成绩才会理想。

期待已久的家长进课堂终于来到了。本学期是邵心近妈妈进课堂。邵心近当上班长后,积极报名家长进课堂。竞选上了班长,整个人精气神明显上去了,自信了许多,说话声音也响亮了。

家委会一致要求讲点理财知识,恰好心近妈妈就在银行工作,得来全不费功夫。

这一天终于来了,心近妈妈走进教室,孩子们热情打招呼。

我突然袭击,指定心近上台主持,哈哈,准备虽然不充分,但主持得落落大方。上台言说的能力,是一位优秀孩子该具备的素质。

心近妈妈穿着得体的职业装,神采奕奕地上台了。第一板块,她介绍了自己的单位——建设银行。第二板块,厘清了理财误区:幻想一夜暴富,迷信高风险收益,赚钱比省钱重要,理财=发财。同时渗透了活期存款、定期存款、利率、汇率及美元、欧元、英镑的兑换等金融知识。第三板块,讲了如何打理压岁钱。这里有一个小插曲:心近妈妈请压岁钱超过200元的举下手,结果小手齐刷刷一片;超过500元的,小手还是齐刷刷一片;超过1000元的,小手依然是齐刷刷一片。现在的孩子,一个个都是小富翁。

全世界最富有的民族——犹太民族,他们的孩子从小就接触金钱。一个孩子越早接触金钱,将来往往越会赚钱!

最后,结合前面所讲的知识,进行了闯关问答,邵心近上来做妈妈的助手,看谁举的手最快,请谁回答,再送上糖果作为奖品。

孩子们全程积极参与,认真聆听,学到了课本上学不到的金融理财知识,也初步了解了银行职员这一份职业,开阔了他们的视野,拓宽了他们的知识渠道。

5 展示游记，身临其境

读万卷书，行万里路。作为一位有情怀的语文老师，我曾跟随课文游祖国：我曾去广东新会看鸟的天堂——看看那棵大榕树的茂密，看看有多少只鸟儿归巢；我曾去庐山看"飞流直下三千尺"的瀑布；我曾去金华参观巴金笔下躺着才能进的双龙洞……读着这些课文长大，教着这些课文成长，每每去这些地方游览，感触多多。在饱览祖国壮丽山河的同时，更不忘把旅行时的见闻、心境落于笔端，淋漓尽致地书写出来。我把这些文字分类存放，既为了独自欣赏，也为了某天上课时与孩子们分享、共赏。

教到这些我已实地去过的地方的相关课文，我就会早做功课，找出我游览时的照片，我自己写的游记，放在课件中，给孩子们看，读给他们听，乐此不疲。

五岳归来不看山，黄山归来不看岳。中国名山——黄山，频频出现在部编版语文教材中，包括三年级的《黄山奇石》、四年级的《爬天都峰》，黄山不愧为世界自然文化遗产。

想起了十多年前的夏天，一身素衣的我游览黄山登天都峰的场景，真是令人终生难忘。那天，我挑战自己的意志，登上百步天梯，爬天都峰，过鲫鱼背，攀越后山，最后双腿用力过度，一步一步挪下了山。我素不知道，自己会有如此大的能耐和潜力。那一年的教师节，我到达了我教育人生的第一个巅峰。此后，砥砺前行，又攀登了一个个高峰，终于实现了从一位乡村女教师到特级教师的蜕变成长。

课堂上，面向孩子们，我绘声绘色说起了自己登黄山的这一段经历，说起了登天都峰、攀鲫鱼背的胆战心惊，让孩子们一一欣赏当年我拍的照片：高大遒劲、郁郁葱葱的黄山迎客松，笔陡的天梯之路，危险陡峭的鲫鱼背……孩子们一个个惊呼着,欢叫着。

我开始声情并茂朗读我的游记《我攀黄山碧溪月》,孩子们一个个竖起了小耳朵专注地听着,听到有趣的情节,咯咯咯笑了起来,听到我艰难行走的情节,一个个皱紧了眉头。难怪苏霍姆林斯基说,每一位老师首先要能胜任语文课。我高兴,我是一位语文老师,四处游历,再把我的思想、领悟通过文字传递给孩子们。

文字,真的是个美好的载体,能让彼此的心灵靠得更近。

读完,孩子们为我送上热烈掌声,一个个目光中写满要去黄山看看的向往之情。

我把我的游记张贴在教室黑板的边上,供孩子们欣赏。一下课,孩子们围聚在那一方角落,观看着,品读着,说笑着,一个个看得心驰神往。

一篇游记,身临其境地把孩子们拉到了文本中,使其更深地领悟文本的主题;一篇游记,让孩子们体验到了老师的人间烟火,拉近了师生之间的情感;一篇游记,促进了师生间美好的心灵沟通。

附:

我攀黄山碧溪月(节选)

已是三点,我坐在天都峰山脚下,眼睛一直盯着凌空架设在陡峭悬崖之间的一架"天梯"上挪动着的游客,无限神往。蓦地,一股莫名力量油然而生。

我不顾先生劝阻,如箭一般冲上台阶,勇猛向上。我一只手死死抓住边上绳索,用力向上攀登。每攀一段,就坐石阶上喘气,稍休憩,转而又开始新的攀登。"天梯"更陡峭艰险了,几乎呈90度直角。

我俩至海拔1770米处的石矼——传说中的鲫鱼背。此石矼长10余米,两边宽度似乎1米不到,四周是云雾缭绕的山峰,两侧是光秃秃的千仞悬崖,深邃莫测,它的形状颇似出没于波涛之中的鲫鱼之背。自上而下,坡陡达85度左右。我的两只手紧紧握住护索,一步步稳步向前,眼睛只看护索和脚步,根本不敢往山崖之下扫视,我怕我一看之后,头晕目眩,再也不敢挪动脚步了。这时，对面走来一位带着六七岁男孩的年轻爸爸。"小心！看准！抓牢！"小男孩面无惧怕之色，稳稳向前走着……

我被这一幕惊呆了。这么小都敢过鲫鱼背，我何须惧怕？我倚在栏杆处，让道于孩子，一颗狂跳的心渐渐安定，向前攀。

终于过了。

短暂休息，继续向山顶进发。经过一段迂回曲折的山路，终于登上了天都山顶峰，海拔1810米的天都绝顶。

无限风光在险峰，四周层峦叠嶂，云雾浩瀚。卸下背包，我的衣服已湿了一大块，双颊绯红，头发凌乱。带着胜利的微笑，我在天都绝顶俯瞰前方……

下山，有两条路：原路返回或直接下山。我毅然选择了更难走的直接下山这条路。

此刻，我的左小腿因过劳而产生了肌肉疼痛，每下一个台阶，一股锥心疼袭来。

我双手紧紧拉着边上的石头或护栏，借助手臂力量，先把左脚踩到下面，再跨下右脚，放到左脚边上，再开始下一步的前进，如此这般，疼痛减缓了许多，速度慢了一半。

每下山一步，我须使出浑身的劲儿，艰难下挪。我扶着山壁或石索，佝偻身子，步履蹒跚忍着疼痛往下挪，内心暗暗鼓励：加油！别泄气！信念支撑着我，不知转了多少弯，也不知下了多少台阶。挨过一段长长的陡峭的仅容一人而过的狭小山道时，我用双手死命抚住两边的石壁。每下一步，似乎使出千斤力气，双腿几乎无法站立了，瑟瑟抖动。

今天我选择了就不后悔，勇敢往前吧。我一边走，一边想：这样的行走，是我自己选择的，选择了就得承受。我是一个行者/跋山涉水，在教育的路上/我的使命是探索，是发现/在人迹罕至的地方寻找风景/我用生命去融化，去燃烧/使平凡流逝的岁月充满春光。

这时，天色已快黑暗。我告诉自己要坚持。我看见一轮明月，张着明亮笑脸，在黄山的松树丛林中浮游。

"我攀黄山碧溪月，听之却罢松间琴"……

6 全科关注，协同育人

思维力是一个孩子学习所需的核心能力。看着班上几个学习努力却缺少思维力的孩子，真痛心：花了比别人多得多的时间，学习却常收效甚微。

依依是一个可爱的姑娘，但每回与她说学习，那种爱莫能助的无助感总会伴随我。语文期中考试，考了一个全班历史最低分——44.5 分。基础题错很多，字记住大半个，缺胳膊少腿，不是少一点就是多一撇。音近字、形近字区分不清楚，糊里糊涂，比如在与再，始终搞不清楚。阅读理解，一点儿分得不了。在学校倒是很乖，但一说成绩空落落。据她妈妈说，在家表现差，做点题目，整天叫呀叫，让她看点书，手托着下巴，如木头人般呆呆不动。数学回家作业几道计算题，明明做错了，她却在那里喊：哪里呀？哪里做错了呢？又没有错……一磨就是两个小时。唉！说出来满满都是泪。

我听着很心疼，可怜可怨可愤。倘若她能上进些，也不至于学习之路走得这么艰难，毕竟四年级的学习内容，还没有那么难。

我利用阳光大课间，让孩子来到办公室，告诉她：学习必须好好努力，在家好好听爸爸妈妈的话，抓紧时间写作业，不磨洋工。你不努力，花了许多时间，考得又差，你自己不开心，爸爸妈妈也不开心，那有意思吗？她站在那儿头摇得如拨浪鼓，说：没意思的！

我给她找了一些练习，让她在办公室做，不懂的地方，让她及时问我。我一脸平静地告诉她：你若不好好学习，乱做，在家与爸爸妈妈唱对台戏，那每一个大课间都来办公室做，许老师可以去校长室申请，让领导特批。她听了我的话，朝我点点头，在不远处专注地做着。

连续三天，我把她拉到办公室，让她做点语文上的小练习。

语文第五单元考试，她考到了 80 分，数学考到了 70 分。对于这个成绩，我比较满意。第六单元的语文考试，倘若严格批，她只有 78 分，但为了鼓励她，习作上我放了点水，给了她 80 分。我在考卷上，用红笔写了"有进步！表扬！"这几个大字。与她同等层次的小钱只有 60 多分呢，看得出这段时间她很努力。

我特意奖励了她一个扫地的小畚箕，我举了举，告诉孩子们：越努力越幸运！瞧！依依就是这么努力！

小宁爸爸在家校本上反馈说，一个数学口算，小宁花了一个多小时。我简直发晕了。与何老师沟通了一下，让她在阳光大课间来办公室做做题目，我们了解一下情况，看看到底是什么原因。

何老师出了八道计算题，让她做。她做好后，我让她在教室里继续做数学回家作业。我给她记着时间，五分钟过去了，十分钟过去了，第十三分钟的时候，我过去一看，天哪，总共完成了五六道题，涂涂改改。孩子的眼泪如断线的珍珠一般，狂流。

体育课，让她请假，在何老师办公桌边做数学。$360÷20=(\quad)÷5$，看她不会做的样子，我以为前面除了之后，再看后面。何老师告诉我，不是这样的，要看倍数关系的：被除数 20，与后面的被除数 5 是四倍关系，那么括号中的数只需 $360÷4$ 得出 90 就行。哎呀啊，隔行如隔山，原来这道题目培养的是思维力。何老师耐心教了她一遍，她懂点了。这个内容已经教了两节课了，真不知道这孩子上课在听什么，平素我真没感觉到小宁思维上有什么问题。

$30÷2$ 等于多少呢？她握着笔在那里开始发呆，不知道怎么做。发呆了三分多钟，何老师告诉她：你若不知道怎么算，就拿出草稿本算一算。她拿出草稿本又不知道怎么列算式，何老师开始教她。

做好这一页的口算，花了将近两节课，怪不得在家要做一个多小时，爸爸教得快要哭了。冰冻三尺非一日之寒呀！一二年级口算慢，慢慢累积下来了问题，上课的时候也没有好好跟着老师的节奏，于是现在举步维艰。

如小宁这样走得艰难的孩子，数学接受起来慢点的孩子，还有一拨，只能慢慢来了。我在家校本上给爸爸留言：小宁爸爸，不要焦虑，以后的日子，我和何老师会多关注孩子的数学，相信她会迎头赶上的。

下午的科学课上，一立、高辰、陈蓉、之微、宇梵不好好听课，一直在说话。之微和陈蓉用手势打暗号，那个角落简直是不认真听课的重灾区。占着教室的黄金位置，C位，却不好好珍惜，随意说话。我进行了批评教育，并给这几位的父母拉了个群，因为一个一个说，时间不够用，在大群中说，又觉得不妥当。我进行了情况说明，希望爸爸妈妈在家多引导。科学课上交作业时，一部分孩子随意乱扔本子，粗鲁、不文明，容川还整个人趴在翌展桌子上。我了解了情况后，及时进行了教育和引导。

每天，除了上好语文课，还要关注其他学科的课堂纪律，发现问题及时疏导处理，更要协助科任老师提升所教学科的成绩。一有风吹草动，我就会放下我的语文课，协助其他科任老师一起解决困难。协同育人，眼中有其他学科，这是一位成熟班主任该做的、该为的。

当听到其他科任老师对鸿鹄班的声声夸赞时，真心觉得不容易。带好一个班级，不是一件容易的事情。

希望一只只小鸿鹄能养成认真听讲、努力学习的好习惯。好习惯使人受益终身，成功的教育从好习惯的培养开始，一个孩子拥有良好的听课习惯、作业习惯，学习之路才能走得平稳有力。

7 浙大研学，独自锻炼

美好金秋，黄叶飞舞，鎏金溢彩，银杏树伸出金黄的手掌书写着最灿烂的年华。秋高气爽，秋风和煦，正是踏秋好时光。

到了一年中色彩最为斑斓的时刻了。双休，鸿鹄家委会组织全体小鸿鹄去浙大研学，分周六和周日两个批次去。孩子们双休日繁忙，兴趣班接连不断地上，采取周六周日分批次研学，更适应我班班情。与嘉兴知名的研学机构——花婆婆合作，家长、老师不用去，孩子们单飞，这也是众家长朋友所希望的。孩子能独自锻炼，看着他们羽翼渐渐丰满，慢慢翱翔，父母日渐欣慰。成长的感觉真美妙。

孩子们一听这一周能去浙大研学，一个个充满了期盼，兴奋得小眼发光。

周五，我去教育局录制家庭教育网课。等我回来时，往教室一看，孩子们的表现好极了！小干部们在讲台前面报听写，下面寂然无声，居然比我在的时候还要安静。挺欣慰，前两天刚开核心小干部会议，没有白开。

我反复叮咛孩子们出门要注意团队纪律，以及其他该注意的事项。我一遍遍叮嘱，让他们时刻牢记安全和纪律。

整整两天，作为老班，我时刻关注着花婆婆临时组建的研学微信群。活动方发来了许多活动的照片给家长：孩子们开心地做实验、有序地参观，还有与我班班旗的大合影……一张张小脸洋溢着欢乐、激动。

哎呀呀！看到花婆婆最后反馈：周六这一天，因几位孩子追逐打闹，被浙大博物馆保安批评。

我把花婆婆两天的研学反馈，发在了班级微信群。花婆婆这个机构不仅仅注重孩子们的知识学习，还注重整体素养的提升，连活动中的合作、互动、纪律也一一关注到。

到底是谁呢？我一看到周六研学的集体照，瞬间明白了：原来调皮蛋小F也在，八九不离十他在被批名单中！

周一早上，我来到了教室，开始了问询，孩子们纷纷告诉我：小F和小懿追逐打闹，离开了队伍；小全吐唾沫到同学那儿；小钱玩沙子……我找来小懿问询，原来小F不高兴记录，追着小懿让她帮助记录。哎！

我找小F妈妈联系沟通，她正在开会。不一会儿，妈妈打来电话，我向妈妈反馈研学时孩子不遵守纪律的情况，妈妈无奈。本子、笔和零食一起放在书包里，零食吃完了，本子上却一个字没有，出门前也曾千叮咛万嘱咐。据小F自己说，研学得很开心，很有收获，下回有这样的机会，很想继续去。

第一次离开家长参加研学，有点小状况很正常。在习作中，孩子们谈到了去研学的收获。

一立这个小家伙，上一周状况多，不文明玩耍，几次与同学打来打去，被记名达九次之多。把记名情况反馈给爸爸，他爸爸问：这个打人是怎么回事呢？是真的在打还是随手呢？……我告诉孩子爸爸，打是不可能真打的，只是学过武术的孩子，拳头分外坚硬，一碰到同学身体，同学觉得疼。我叮嘱一立：你真要小心点，你的拳头多坚硬，一碰到同学身体，你自己不觉得，同学早已痛得哇哇乱叫了。

进入四年级，一立整体状况一般，据他爸爸说，他暑假时和一批外地孩子玩闹，心思野，乐不思蜀了，还没收心。

听着孩子在校状况不断，爸爸无奈地说：真想让孩子休学了！前段时间吹笛子没有好好吹，是全班唯一一位笛子不得星的孩子，其他孩子都是五星或五星加。通过苦练，终于得了四星，已是很大的提升。

我在微信上给一立爸爸留言：多引导孩子自我挑战，培养他的自律，让孩子学会自我管理。

一位乖巧懂事的孩子，就是家庭的黏合剂。我问小F：你为什么上课这么不认真听讲，老是转来转去说话？他的一句话，让我愣住半天——反正，我在家中有妈妈教的，我就不怕。

我把这句话转达给小F妈妈，妈妈惊呆了，儿子不好好听课，居然是这个原因。我也惊呆了，原来是妈妈的负责，让孩子养成了依赖心。我安慰妈妈：让我们静等花开吧！

长长的日子里，去浙大研学，成为孩子们口中、心中、笔下的美好回忆，更有不少孩子，默默地在心中播下一颗美好的种子——某天，我要成为浙大的一员，我想上浙大！

相信岁月，相信种子！

8 全科免试，谁来争霸

学期伊始，我在微信群里告诉全体家长和孩子们，各学年第一学期集团有免试生课程，每班择优推选一位。免试生是一顿精神大餐，既有至上荣誉的表彰，又有丰富多彩的课程诱惑，谁能争取到，谁开心。我叮嘱有实力冲免试生的孩子，早做准备，争取期末榜上有名。

终日忙忙碌碌，大半个学期一晃而过，到了选拔免试生的时间了。我把四门主科的每一次单元调研成绩综合在一起，挑选候选人。集团规定，前两个学期必须为风雅少年才有资格。我班为了调动更多孩子的积极性，每个学期都会增加些名额，选举一些班级风雅少年，因为优秀孩子太多，校级风雅少年名额太少，故以此安慰努力奋进的小鸿鹄们。

小金同学这个学期各科成绩拔尖，语、数、英第一，科学第二，与第一名仅仅差0.5分，单从成绩来说，免试生首当其选。我也笑着与他说：小金，看来免试生你大有希望哦！他脸带微笑，一副志在必得的样子。

我按照四门主科的平时成绩从高到低排，去除三年级时已获免试生资格的小朱同学和只拿过一次风雅少年的小黄、小宇，往下顺延至第十三位候选人。我最终定下十位候选人，下发需家长签名的免试生申请单。瞧，一位位开心地拿着申请单，回家请父母签字去了。

周一，我拿到表格一看，没有一位家长不同意。记得去年有家长不同意参加，现在家长也理念更新，与时俱进了。

同学们进行无记名投票。一个一个上台，为了避免"谁投我的票，谁没投我的票"的心理出现，产生不必要的麻烦，我让被选者面向黑板。

投票结果：唐翌展43票，朱天乐、邵心近各40票，而学业拔尖的小金才荣获了13票。

我告诉孩子们，同学投票只是其中一个方面，还要四门主科老师进行投票与排序。

按集团要求，学生投票以 1 分的梯度打分，也就是说，唐翌展票数最高，可以拿 10 分，朱天乐和邵心近可以拿 9 分，排第九名的小金只能拿 2 分。

我和其他三位老师根据课堂表现、作业情况以及平时成绩进行一个综合打分，课堂表现和作业情况以 2 分的梯度打分，平时成绩以 5 分的梯度打分。

我按照四名主科老师的打分，算出各科平均分，再算总分，加上学生的民意测算分，最终唐翌展以 0.2 分的微弱优势赢过了朱天乐，拿下了第一。小金因民意测验分太低排在了中间位置。

下午第三节课，我把这十位孩子叫到了走廊上，把各科老师打分的单子发给他们，让他们看看自己的不足以及长处，告诉他们：免试生出来了，唐翌展以极其微弱的优势摘取桂冠。我看到朱天乐眼眶里盈满眼泪，我知道，此刻的他，有点沮丧。

我只想到，唐翌展以微弱的优势赢过了朱天乐，朱天乐肯定很失落，却忘记关注学习拔尖的小金的心情了。

成绩出来之后，我与朱天乐爸爸沟通，朱天乐这个学期，无论是各科学习，还是与同学相处，都做得很棒，今天也是以极其小的弱势与免试生擦肩而过。

天乐爸爸告诉我：许老师，这没有关系，会做好安慰！去年连拿表格的机会都没有，今年已经很有进步了。家长的气度影响着孩子，难怪孩子这么优秀。

我真的有点忽略小金的心情了，以为他能轻松想通：既然票数这么少，应该学会反思了。我忘记了他只是个孩子。他在学习上的努力与付出，他对免试生的分外渴望，他失落的表情……我没有为孩子及时送上安慰，这只能怪我班主任工作的粗心和不到位。

晚上六点多，我还在办公室。这时，接到高妈妈电话，她告诉我：本来今天是他们小组约定排练年会节目的时间，小金妈妈却说，孩子不参加小组年会节目的排练了。

哎呀！一语惊醒梦中人，我猛地记起来了，我忽略了对小金的安慰。

我赶紧打电话给小金妈妈了解情况。小金妈妈告诉我，孩子回到家，嚎啕大哭，晚饭也没有吃，在床上睡觉，责怪我搞民意测验、同学投票，说其他班都没有民意测验……

怎么安慰这位孩子呢？我疏忽了他的心情，当时忘了强调：全科免试生，是由综合素质决定的，学习仅仅是一个方面。

第二天早上，小金来了。我当着他的面，故意问全班同学："说句实话，我也以为小金能选上全科免试生的，很奇怪，小金成绩这么好，为什么只有13票？为什么这么多孩子没有投他的票？不投他的票是因为什么原因？你们说说看，这样小金才能更好前进。"

"小金的脾气太差了！动不动就发脾气！"同学说。

"小金很少为班级做事。"有同学这么说。

"小金常常迟到！"

"小金爬过柜子，太不文明了！"

"小金有点古怪，上次他考试考得不好，还把考卷弄皱了！"

孩子们一一罗列着。

"那你们不投票，是不是与他平时不怎么参加同学的活动有关？"我继续问。一个个把头摇得如拨浪鼓一般。

"其实，小金身上，真的有许多值得我们学习的地方，比如他的好学，成绩这么优异，在我们这个牛娃遍地的班级，真心不简单。"我让全班同学为他热烈鼓掌。

"孩子们，你们知道吗，仅仅学习好是不够的，三好学生三好学生，要品德好，学习好，劳动好。学习好，仅仅是其中的一个方面……"

我把小金叫到办公室安慰，此刻的小金，已心平气和，面色柔和，他告诉我，心情已好转，以后会一点点改正自己的不足……

遭遇挫折，总是令人心乱如麻，甚至痛彻心扉。成长的道路，总是布满崎岖和不平，每一位孩子就是在大大小小的挫折中，慢慢蜕变和日趋完美。挫折令我们沮丧、难过和不堪，也令我们脚步更从容，方向更明确。从哪里跌倒，就从哪里站起来！小金，看好你！

9 风雅少年，策马扬鞭

四年级语文、数学两学科抽考，是每一年桐乡市教育局调研各学校教育质量的惯例，每一位四年级语、数老师都不敢懈怠。

这一年的语文考卷超乎想象的难，从前面的基础题，一直难到习作。习作是写一封信，署名笑笑，写给同学，要写有关老师本领高的一件事情。乖乖！题目中信息量这么多，这么复杂，能写好吗？两篇课外阅读，每一题都那么复杂。提问策略单元，压根儿没有复习，当然当初上课的时候，上得特别扎实，每一个作业细细讲，每一种提问方法精雕细琢。语文一直是鸿鹄班的擅长学科，但进入四年级，除了前三个单元调研情况不错外，后面越考越糟糕，考得孩子们信心不足，考得我心中发冷，考得我怀疑之前的教育人生。

等到调研成绩揭晓的一刹那，我惊呆了，为孩子们语文调研成绩如此优异喝彩！市均分为 83.45 分，我班居然考出了 92.84 的高均分，比市均分高了近 10 分。95 分以上的孩子达 28 位。遗憾儿子在语文上发挥失常，前面基础题不认真读题，丢分太多，考砸了。转而一想，问题暴露得越早越好，考砸并不是件坏事，至少引起了他本人、他爸爸还有我这位妈妈的重视。塞翁失马，焉知非福？世界上没有白走的路，从哪里跌倒，就从哪里站起来吧！

再一看，小古文争霸赛的冠亚季军在这次期末语文考试中，都没有取得好成绩。估计背小古文，花费了些精力和时间。但不害怕，只需要把背小古文的精力花到学习语文上就一定能学好，这是一种功力，相信语文会越学越好！

孩子们真的很棒哦！一个个发挥得这么好呀！一直觉得，考卷一难，我们班的孩子语文上就没有啥优势。细细一想，其实不奇怪：从一年级的读写绘课程、《弟子规》《三字经》国学课程，到二年级的喜马拉雅鸿鹄电台小主播课程、《写给儿童的中国地理》《写给儿童的中国历史》亲子课程，再到三年级开始至四年级上学期结束的小古文课程，以及《经典诵读》课程，我们坚持阅读了这么多课外书，积累了这么多古诗词、小古文，每天不间断阅读、背诵，冥冥中已帮助孩子们打通了语文学习的任督二脉。还有班级良好的班风、学风的熏陶，孩子们你追我赶，绝不认输，良好的学习氛围使得每一位孩子都在努力地往前冲。

孩子们真的越来越棒了！我们班的班训：越努力越幸运！一直觉得鸿鹄班的孩子没有天资上的优势，且还有好几位落在后面的孩子。我一遍遍叮嘱孩子们：没有任何理由，看不起他们，嘲笑他们，因为他们已经很努力了，每天坚持学到很晚！我们要做的就是每一位孩子都竭尽全力。这也是鸿鹄班每一位孩子的责任和使命。

我总是说，不要去嘲笑 YY 和 ZZ，也许以后他们的日子过得比其他人都好！永远不要去嘲笑任何一个人，肯德基老爷爷近六十岁才创业，门店遍及全世界各地。

每当我在讲这些话的时候，总能看到这几位孩子的眼睛中充满了光芒。某天，我发现 ZZ 在给班级学霸送尺子和笔。我知道后，让学霸退还给他。我告诉 ZZ："你只是成绩暂时落后，你在精神和人格上是同样高大的，与任何一位同学一样，不需去拍成绩好的同学的马屁。"同时，我也批评了学霸，不该接受 ZZ 的礼物，帮助他是应该的。孩子微笑着朝我点头，说："许老师，知道了！"

越是成绩差的，越要多给予关心，让他们看到自己的努力。我给他们颁奖"努力小王子（小公主）"。苏霍姆林斯基说：永远要对劳动的努力程度做出评价。给班上成绩落后的孩子颁发奖状，就是要承认他们的努力和付出。

390 分以上的孩子高达 23 位，这在我之前的带班中从没遇见过。我翻看了前三届的成绩，一般 390 分以上的孩子不会超过 10 位，包括考出 20 个桐高生的我曾引以为傲的小水滴班。是孩子们你追我赶的良好学习氛围，是日不间断地阅读、积累，是一个个卓越课程的开发，唤醒了孩子们内心的小宇宙；是家长朋友和孩子们绝不认输的态度，推动我们往前！

真好！朋友说，你有六年时间，可以慢慢雕琢。我一直在做养根的事情，比如书香家庭的建设，比如家庭教育素养的提升。我以为，我带的孩子的优势要到初中才能突显，没想到这么快就能看到成绩的提升。

按照学校的规定"三到五年级风雅少年的名额为25%"，评了16位风雅少年（含体训少年），可校级风雅少年的名额远远满足不了我班的实际需求。380分以上的孩子达到了35位呢。怎么办呢？为了提升中上孩子的学习积极性，我又评选了N位班级风雅少年。从三年级可以评风雅少年开始，我告诉家长，校级风雅少年名额有限，将评选一定数量的班级风雅少年，请不要取笑这不是正宗风雅少年，班上学风好，牛娃太多，请家长朋友学会鼓励！有了这样的铺垫，孩子们也以评上班级风雅少年为荣。

欣怡很乖，很懂事，在课堂上却不肯发言，基本不举手，问了何老师，数学课上也一样。于是，打电话与其家长沟通一下，让孩子在新的一年有个承诺。

我打通了欣怡爸爸的电话，告诉他：欣怡成绩挺不错，可就是不肯发言，希望欣怡能承诺一下，若明年能改变这个状态，那就评她为班级风雅少年！爸爸在电话中表示非常支持！还与我说，有两位好朋友在家中玩，可以让她们作证。

欣怡马上发来语音：许老师，我可以保证，明年我一定上课积极发言！

哈哈，那就好啊！教育是什么？就是引导孩子不断朝着明亮那方前进！

我也联系了张瑞妈妈，告诉她：孩子考得挺不错，就是字写得太糟糕了，能不能让孩子写一份承诺书，以后好好写字？记得上学期，张瑞有一门功课考砸了，鉴于他平时表现不错，我还是评了一个班级风雅少年给他，可是他的字，却没有多少改变，近两个月的时光，我一直在引导他把字写好。

果然，孩子在微信中发来了承诺书。

靓靓从没有评上过风雅少年，但这一次期末考试中，人品大爆发，平时弱势的数学以及语文都考出了优异成绩。孩子评上了班级风雅少年，笑得合不拢嘴，那种笑发自心底，那是自信的笑，那是灿烂的笑。孩子看到好的成绩，这就是他自信的源泉。苏霍姆林斯基的话一点也没错呀！

铭佳一直是我班班长，是一位非常懂事的女孩，是我的得力助手，为班级做了许多事情，比如每周行规分数统计、打扫卫生等。以前每次大考，她的成绩总不够理想，只是中等位置，但我都会评她为班级风雅少年，这是对她努力为班服务的认可。早在复习阶段，我对铭佳说："这次考试好好努力，争取能拿校级风雅少年！"孩子默默努力着，向来弱势的语文，考出了96分的高分，光荣地获评校级风雅少年。全家人沉浸在孩子学业优秀的喜悦中。

无论校级还是班级风雅少年，都给了孩子一种认可和自信。孩子们一个个朝着风雅少年的目标，努力冲着！

励精图治，奋发向上！风雅少年，策马扬鞭，一起奔驰在学习的原野上，向前奔驰……

10 众志成城，欢乐年会

浩瀚苍穹，孕育了华夏儿女璀璨的历史与文明；蔚蓝天空，见证着万千炎黄子孙的勤劳与善良。一首首诗词，就如春日的百合，散发着馥郁的芬芳；一曲曲颂歌，恰如夏日的繁星，闪耀着夺目的光芒。

9月，新当选的家委会召开会议，一致决定将在学期考试结束后召开班级年会＋亲子年夜饭。为了培养孩子们的家国情怀，年会内容定为以热爱祖国为主题的经典诵读，诗歌内容由策划宣传部长黄佑宸妈妈负责收集，主持人随即定下：黄佑宸、沈佳烨、张洪翊、金诗媛。

我拉了主持人群，让家长叮嘱孩子平时加强训练，多注意语气语调。家委会的成员利用空余时间找场地、订菜肴。期末大考日期敲定后，我们选定2020年1月12日在鸟屋小镇举办年会。报名异常火爆，总共有140多位家长、孩子参加。

11月初，所有经典诗词，黄妈妈全部找好，共分为三个篇章。

哇！我一看节目安排，简直完美！太能干了，黄妈妈！我对几位领诵人员进行了微调——都是家委会成员的孩子，不太科学。我另外找了几位平时朗诵比较出色的孩子，安排了每一个篇章的领诵，把机会多的魏辰换成了他弟弟高辰。加入了章佳一家庭的演唱以及陈誉家庭祖孙三代的诗朗诵。召集班级中擅长朗诵的12位孩子组成了展示组，朗诵舒婷的名篇《祖国呀，我亲爱的祖国》。

每一个小组专门安排了一位能干的家长为节目负责人，朱会长负责拉群和通知各个组长，有两位家长因能力不够而推辞，于是又重新安排两位家长。七个组长作为节目负责人，需在11月底拍好视频发我审核。

组长们真的太尽职了，他们利用中午或者周五放学后时间组织孩子们排练,甚至晚上邀请专业老师来帮助排练。家委会的家长朋友一次次进行排练,群策群力,共同努力。

我任务艰巨,《我和我的祖国》大合唱以及《少年中国说》都需要我负责排练。我利用中午或道法课等时间组织孩子们排练,训练走台退台。《少年中国说》整篇背下来,并不简单,我要求每一位孩子在小古文群内打卡,并利用语文课开始前的五分钟坚持训练。我把一立的武术融合了进去,又找了四位小帅哥领诵。

家委会群和年会筹备群一直处于热闹状态,从邀请老师出席,到各节目音乐、课件、服装、场地等的落实,以及年会电子邀请函和宣传片的制作,都有条不紊开展。真的很佩服家长朋友们的心灵手巧,课件制作精美。有的小组统一购买了服装,精心准备。

主持稿都是黄妈妈写的,都不需要我怎么修改。黄妈妈精心购买了玩具米老鼠,作为新年礼物送给孩子们。

我利用空课时间观看了一下主持人的排练,四位主持人台风大气,台词已基本记住,只需我点拨一下,就能轻松搞定。

我利用调休的时间,在正式开年会前的一天,给展示组的12位孩子排练舒婷名篇《祖国啊,我亲爱的祖国》。到底是展示组的孩子,一个半小时不到,节目新鲜出炉,搞定。

正式开演这一天到了,家委会群中黄妈妈传来了现场已经布置好的照片,气球飘扬,喜气洋洋,会场大气、洋气,高大上,都是黄妈妈亲手布置。

孩子们提早过去进行彩排、踩台、使用话筒、退场等,有条不紊。还一个个精心化了妆,帅气又漂亮,孩子们兴奋极了。

在震撼的节目宣传片头之后,年会正式开始。

年会在全体小鸿鹄的大合唱《我和我的祖国》中拉开帷幕,我们一起欣赏了《江城子·密州出猎》的豁达、粗犷,《沁园春·雪》的豪迈、英气,《纸船——寄母亲》的柔情似水,《炉中煤》的眷念满满。

第二篇章在章佳一家庭的吉他弹唱《童年》中开启,《祖国,我为您高歌》的高亢激情,《友好的笑容》的欢快明媚,《写给祖国母亲的歌》的款款深情,舒婷名篇《祖国啊,我亲爱的祖国》的荡气回肠,表达了全体小鸿鹄对祖国的热爱之情。

第三篇章在陈誉家庭祖孙三代铿锵有力的《美丽中国梦》中开启,《小小书房》代表了全体小鸿鹄对书的热爱,《相信未来》里有小鸿鹄们的无限憧憬,《寻梦者》表达了我们对未来的孜孜追求。

全体小鸿鹄高声吟诵《少年中国说》明志:故今日之责任,不在他人,而全在于我少年!少年强则国强!少年智则国智!

家委会全体爸爸妈妈深情朗诵《给未来的你》,代表所有家长送上美好的祝福。

吟诵经典,润泽童年,每一位小鸿鹄都上台吟诵,自信、大胆地用自己的朗诵展示了经典的魅力,抒发了自己的爱国情怀。

这也是鸿鹄班继一年级迎新经典诵读、二年级孝亲才艺展演、三年级十岁成长礼之后的又一次年度盛会。

立鸿鹄之志,行孔孟之德,展长风之怀,成栋梁之才!一只只小鸿鹄在这样的班级文化浸盈中快乐成长。

表演完毕,迎来欢乐的亲子年夜饭,家长朋友、孩子们纷纷前来给老师们敬酒。其乐融融,一家人相亲相爱。

这台年会,得到了全体参会老师的一致好评,微信朋友圈、抖音的轰炸,形成了良好的社会反响。

有朋友留言道:从没看到一个班级办年会办得如此精彩!嘉兴市德育教研员严老师留言道:简直难以相信这是一个班级的演出。

鸿鹄班的孩子,是幸福的。苏霍姆林斯基说:"没有活动就没有教育。"我们在一个个活动中,快乐地成长!

舞台,不能由少数优秀生垄断。每一次活动,我们有四位主持人,且不重复,确保每一位孩子都能上台,每一次都会有一个响亮的主题……培养每一位孩子的自信心,是我沉甸甸的责任!

11 拜年视频，增加气氛

礼仪课程是鸿鹄班一直努力建设的课程。开学第一天报到，站在讲台边迎接的我，会关注每一位孩子的礼貌礼仪。倘若悄悄进来，没向我打招呼，我会直接告诉他，要向老师问好；有礼貌的孩子，我会悄悄记下他的名字。在一个合适时间，在班级群以及教室里的校务栏上，我会以表扬的方式公布有礼貌孩子的名单。

鼓励、表扬，树立典型，常抓不懈，多管齐下！

同事反馈，一个走廊上的班级，三班的孩子最有礼貌，最懂礼仪，每次走过，呼唤老师的声音此起彼伏。

早起的鸟儿有食吃，懂礼仪的孩子讨人喜欢。

休业式快结束时，我口头与孩子们约定："今年过新年，希望每一位孩子都给老师拜年哦！"我特别表扬了孙一立同学，从一年级到现如今四年级，每一年大年初一，他爸爸都会专门给我发来一立的拜年视频，从没间断过。这只是一个细节，但我真的蛮感动！休业式上大大表扬了这孩子，奖励了他一个本子，同学纷纷投来羡慕的目光。

最开始发拜年视频的是五位一起去天目山旅行的女孩——朱钱昕玥、王朱靓、马路徭、金诗媛和沈欣怡。她们一字儿排开，站在天目山景区门口，一边手做恭喜状，一边快乐地说着：恭祝老师们、爸爸妈妈们、同学们鼠年快乐！收获多多！

陆陆续续，一位位孩子发来了恭贺视频。瞧，一位位真有创意：有的利用抖音的点缀功能，慢慢拉开红色帷幕，出现祝福者恭贺的视频；有的携带了亲友团——弟弟或妹妹，一起恭贺；有的手中拿着红色喜庆的卡通米老鼠；有的拿一个福字作为道具；有的穿起了唐装，手拿喜庆的春联给大家送祝福……五花八门、创意多多的祝福视频，看得我们心儿美美，春意暖暖。

有些孩子的祝福语独辟蹊径，与鼠年有关，吉利、顺口。

朱天乐首创的祝福语：鼠年有数不尽的快乐，有数不尽的健康，有数不尽的欢乐！分外应景，给其他同学以满满启迪，约十位同学祝福语来自他的灵感。

张瑞和他妹妹的祝福视频诚意满满：鼠年到，祝各位老师、各位家长、各位同学，一帆风顺，二龙腾飞，三阳开泰，四季来才，五谷丰登，六六大顺，七星高照，八方进宝，九九同心，十全十美，鼠年大吉。兄妹两个手持一个大红的米老鼠，两边是两串长长的喜庆鞭炮，上面是一块大红的扇形的祝福语，写着：2020，福气鼠不尽！兄妹俩的服装养眼又喜庆。

蹦蹦跳跳的钢琴小王子陈誉的祝福视频充满灵动，也很应景：祝大家新年快乐！万事如意！希望新的一年，病菌远离你，快乐常相伴！

在我们班级群中，孩子们一个个活泼可爱的拜年视频，增添了欢庆和喜乐。

我赶紧把孩子们的拜年视频截图为照片，一张张下载到手机，做了一个美篇，并逐一点评孩子们的表现，配上新年的喜庆音乐，发在班级群中。

红红火火，喜气洋洋！笑笑是个机灵的好孩子，努力、向上！钢琴弹得行云流水！携上小妹，给大家送祝福啦！

李宇玲睿在遥远的北国送上祝福！聪明，反应快，口才好，数学思维可与班上最顶尖的几位男生媲美，琵琶大珠小珠落玉盘！潜力股！望鼠年严格要求自己，杜绝低级错误！一路前进一路歌！

进步多多的书瑶在送祝福！努力的孩子最可爱！背古诗越来越棒！

年会金牌主持，气场全开的佳烨送祝福啦！学习好、能力强的佳烨，为你点赞！

带上小老鼠送的祝福更有味！为乐轩点赞2020，一定要继续努力！

这位小伙子，上课可爱动脑了，积极发言，送的祝福也好听！鼠年多看点书噢！

2020我爱你，就像老鼠爱大米！鼠年有数不尽的欢乐，我们去追寻！聪明机智、全面发展的朱笈弟在送祝福！愿鼠年策马扬鞭！

雨彤的气场正慢慢打开，胆子越来越大！送祝福时充满自信！

努力小公主——依依姑娘，越来越棒！

容川帅哥，非常好学、努力，为他点赞，连扫地都是那么一丝不苟，英语、语文更是卓尔！

斐斐送的祝福，真诚又美好！一如其人！

小可爱陈蓉送的祝福很大气！每天送报发报那么负责！是个大气的女生！

姐弟两人齐上场，共祝鸿鹄美好幸福！丹宁的歌声分外悠扬，英语棒棒！习作富有画意！

昕玥越来越放得开了！作业最佳习惯学生！英语最佳主持人！这学期的科学更是一路开挂，稳稳前列！

第一次拿到风雅少年的靓靓，开心发自内心！上天总是喜欢努力的孩子！继续加油！

努力、认真、踏实，是天欣的代名词！绝不要滑头，踏踏实实走好每一步，成绩如芝麻开花节节攀升！

可爱张涵，唱着歌，吹着笛子，携上弟弟来送祝福啦！

聪慧灵秀的欣怡，2020可要大胆放开手脚，勇敢往前冲噢！

媛媛的声音如黄莺，太美啦！媛媛的书写那么认真！

2020，十全十美！小高同学的祝福，大家照单全收噢！善良大气的小高，学习越来越好，朋友越来越多！

懂事成熟的铭佳姑娘，是老师的好帮手，学业渐入佳境！

予栋很棒，情商很高！2020，继续努力！

智商、情商、勤商三商在线的帅哥，人见人爱，花见花开！奥数、英语、写作全都在线！超牛娃一个！那是谁呢？舒元小帅哥。

谁能想到一年级时胆怯的洪翙，经一年半的班级文化熏陶，成了一位学习好、能力强、才艺佳的全面发展的风雅少年！

两兄妹懂事、乖巧、优秀，鼠年进步速度更快一点噢！

詹轶从默默无闻到优秀，一路成长一路前进！胆子也越来越大了！鼠年加强锻炼，提升体质噢！

宇梵上学期各方面提升很快，积极，向上，是个努力的好孩子！加油！

一路走来，张瑞从平庸走向优秀，既缘于自己的努力，也缘于父母的齐心协力。每天手不释卷，成绩想不上升都不可能！身为科学课代表的团长，带领团队做好工作！热爱科学！

钱灏是个可爱帅气的小伙，聪明，努力，不卑不亢，课代表工作认真！愿多看课外书，鼠年以更机灵的状态出现！

翌展沉稳、踏实、睿智，管理能力强，学业优异，首次参加机器人大赛，荣获全国二等奖！传说中的做一样像一样的孩子！

天乐小伙子的善良有目共睹，与谁都相处和谐！手不释卷，文章更是美如画，学业优异！天乐家的书香氛围堪称一绝！书香孩子的背后，一定有一对书香父母！每次家长会爸妈都一起来，想不优秀都难！

学霸姐姐加学霸妹妹，送的祝福真好听！心近学业突出，管理能力一天更比一天强。出色的孩子背后有一对出色的父母！每天扎扎实实记录孩子的表现、学习情况，几年如一日，从不懈怠！

雨萱学习努力，工作认真，成绩如芝麻开花！最值得称赞的是，妈妈以前手不释机，现在每天手捧书籍！父母改变，孩子才能更棒！

帅兄弟俩拜大年！逸航英语、语文超棒！语文一学期错字不到10个，不管复没复习，听写基本不错，这就是超强的学习能力！英语最佳主持人，台风佳，气场大！最难得的是，在本不是强项的奥数上，不卑不亢，迎头赶上，这学期数学明显提升！

佳一做事踏实、严谨，讨人喜欢！现在的他，越来越阳光了，朋友变多了，笑容更灿烂了！

最佳运动员李赞，每天坚持写日记，这个优秀的习惯从幼儿园一直保持到现在，为她点赞！希望一路继续保持，必将受益终生！

聪明伶俐、机智可爱的王珺，工作认真负责，一二年级时还在纳闷：咋出不来成绩？进入三年级，成绩一路飙升，一路开花！

刚从洲泉转来的小郭同学，深受同学、老师的喜爱。学业优秀，为人正气，做事踏实，那个字啊，简直帅爆了！随便把座位扔哪儿都无所谓的孩子！这样的孩子，来一打，不嫌多！

一立帅哥每年年初一坚持给老师拜年，有心的孩子，有心的父母！身为邮政团团长，带领团队每天发报送书，能力杠杠的！

小钱同学在北海道给大家拜年啦！小伙子学习努力，成绩稳中有升！工作特别认真，劳动积极，热心为班级服务，为他点赞！

没有及时发祝福视频的 8 位孩子一一补了上来。我把截图放进了美篇，但我的鼓励和表扬戛然而止了。

机不可失，时不再来！我只是想告诉孩子们：许多时候，你错过了就永远错过了，不可能再拥有什么机会！谢谢一只只可爱的小鸿鹄，在我们班级群中拜年。鼠年，让我们继续努力，拥有数不尽的收获和进步！

整整两天，我逐一截图，制作美篇，编织文字，融进我的祝福、我的评价、我的希冀反赠给孩子们，作为一学期的鼓励，作为鼠年的新年礼物，熨帖了孩子们、家长们的心灵。

12 努力法则，寒假不松

休业式，平行班都有孩子请假，唯有鸿鹄班，满满堂堂，一个也没少。我曾与家长朋友说过："进入三年级，孩子要以学业为主，请让孩子养成学习有始有终的习惯，开学报到、休业式，没有特别重要的事情，必须参加。仪式感很重要，不参加休业式的孩子，不参与校、班风雅少年评比。"有了这样的铺垫，鸿鹄班的孩子，没有特殊情况都会来参加休业式。

孩子们一个个喜滋滋地拿到了奖状、奖品，风雅少年、优秀主持人、努力小王子（小公主）、优秀小作家……最带劲的是数学何老师的颁奖。平时数学好的孩子，逐个上来点课件上的红包，红包翻转，显示奖什么，就让孩子拿什么奖品。太带劲了，孩子们一个个尖叫着上来点红包，不时发出一阵阵羡慕的喊叫声。到底是年轻人哪！发个奖品，这么吸引孩子呀！创意和惊奇，永远是吸引孩子注意力的法宝，真的该好好向小何老师学习。

我重点讲了寒假注意事项，并下发了前一天晚上打印好的《2020年寒假小鸿鹄十条努力法则》：

2020年寒假小鸿鹄十条努力法则

吃好！玩好！睡好！休息好！学习好！
越努力越幸运！
没有人能随随便便成功！
三分天注定！七分靠打拼！

1. 背《经典诵读》，坚持每天围绕所背的古诗练字。（假期回来一周内考级过关）

2. 每位上交一篇高质量的习作。（有条件的，可在 A4 纸上打印好，并用图点缀，寒假回来将择优张贴在宣传栏上。）另，针对各类小作家还有另外的征文！

3.《寒假实践活动指导手册》，按要求认真扎实执行。

4. 出好反映寒假生活的小报一张。

5. 上交高质量的书法作品一份。

6. 坚持做家务（劳动、炒菜等都行），外出、做客注意礼仪。

7. 坚持运动！坚持阅读！尤其是阅读能力低的孩子，一定要多看书！上交阅读书单，记录好阅读量！（注意文学书与科技类书的比例）

8. 观看桐乡教育上的网课，报什么看什么。有时间，还可以看看蒋军晶的作文网课，听了课之后再写一写，动一动笔，会更有收获！

9. 外出旅游，好好做做功课，了解一下当地的风土人情、历史典故哦！

10. 每天坚持读 15~20 分钟英语。

从 18 号开始请在桐乡教育上每天记录（寒假共 23 天，坚持 15 天及以上者有奖励）：

抬头为：小鸿鹄×××2020 寒假依然在努力，我已坚持第（　　）天！

内容为：阅读（看了什么书，共几页），背诵经典诗词（背诵了什么诗），练字，运动（说明什么运动，比如跳绳多少个、踢毽子多少个），家务（做了什么），读英语（多少分钟），上网课（或其他才艺练习等）。（若外出旅行，可晒些美图、见闻分享。）

坚持了几天，将在 10 号请家委会家长朋友记录一下数据，会有一个反馈评比。另，下学期，还将进行书香家庭评比、一平方阅读角评比。

欢迎我们的家长朋友也来阅读，请我们家委会的 15 位家长朋友带个头！

抬头为：放下手机，静心阅读，×××（爸爸或妈妈）为孩子的成长助力，我已坚持阅读了第（　　）天！

我们放假不放心，在吃好、睡好、玩好、休息好的前提下，一如既往学习好，每天在桐乡教育上坚持行动。每个假期，我都会鼓励小鸿鹄们坚持。运动、家务、劳动等一起加持，也为家长朋友减轻负担。但凡老师提倡的，孩子们都会乖乖执行。倘若家长要求，孩子常常会不愿意，反抗。班级学习氛围浓厚，牛娃这么多，哪一个家庭敢松懈呢？

这个寒假，我把创建书香家庭也纳入了打卡行列。只有解决孩子的阅读问题，解决家庭的书香问题，孩子们才能真正有长足发展。现在的年轻家长朋友，玩游戏、刷手机太多，陪伴孩子太少。

孩子们休业式当天开始打卡，做得到位。

第一位打卡家长是家委会会长昕玥爸爸。看到他打卡后，我马上截图发到班级群，表扬！

我拿了一张白纸，写上学号，每有家长打卡，我就在学号后面记下他的身份（爸爸或妈妈）。过几天，把每个家庭家长的坚持阅读情况发在群中。当我看到爸爸妈妈一起阅读的家庭，就截图，转发班级群表扬。

慢慢地，坚持阅读的家长逐渐增加。

瞧，梵梵妈妈估计顶不住压力了吧，初中毕业的她，从事羊毛衫生意的她，也开始捧着书阅读，难能可贵呀！

媛媛妈妈从事的工作与阅读没有关系，在市政府餐厅做厨师长，文化水平不太高，平时孩子的学习基本都是爸爸管。瞧，她也加入了阅读队伍，捧起书来，和爸爸一起陪着孩子阅读。路傜的爸爸妈妈坚持陪伴孩子一起阅读……

这一幕幕场景，多么温馨呀！

现在的孩子聪明，视野开阔，家长朋友不注重学习，如何与其斗智斗勇呢？逼孩子读书，逼家长朋友拿起书，放下手机，书香家庭课程是接下来我重点关注的。让每一位孩子沐浴在浓浓的书香氛围中，爱上阅读，让每一个家庭能有一个良好的读书环境，都有书香缭绕、亲情暖暖的妙曼时光。

越努力越幸运，是我们鸿鹄班的座右铭。我们坚持阅读，坚持学习，鼓励家长创设浓厚的书香氛围，放假不放心，以此推动孩子们奋发向上，向着明亮那方前进。

13 定作息表，提有效性

受新冠病毒袭击，疫情严重起来，不得不居家学习。

如何进行居家学习，养成规律的作息习惯？我看到有的孩子寒假每天睡到上午十点，看娱乐电视两个多小时，散漫、松懈的状态一直延伸到居家学习中，这状态如何了得！

我看到桐乡教育上已出台各科网课安排表，便花了半天时间制定了鸿鹄班的居家学习作息时间表。

鸿鹄班 2020 防疫时期作息时间表

时间	周一	周二	周三	周四	周五
7:50—8:20	文学类书籍阅读				
8:20—8:30	早读 一、三，语文；二、四，英语；五，经典诵读（《三字经》）				
8:30—8:50	两遍广播体操、休闲活动				
9:00—9:40	网课 （英语）	网课 （语文）	网课 （科学）	网课 （数学）	网课 （英语）
9:50—10:30	作业	作业	作业	作业	作业
10:50—11:10	音乐 （笛子）	写作	音乐 （笛子）	古诗文积累	音乐 （笛子）
11:20—12:20	中餐、家务（烧菜或洗碗等家务劳动）				
12:20—12:50	绳飞毽舞运动时间				
13:00—13:40	网课 （科学）	网课 （数学）	网课 （英语）	网课 （语文）	网课 （科学）

续表

时间	周一	周二	周三	周四	周五
13:50—14:30	作业	作业	作业	作业	作业
14:30—15:00	科技类、数学类书籍阅读				
15:10—15:50	兴趣特长	兴趣特长	美术	兴趣特长	兴趣特长
16:00—16:30	书法练习	书法练习		书法练习	书法练习
17:00—18:30	休闲亲子活动、运动、娱乐				
18:30—19:00	作业提交与答疑				
19:00—19:30	了解时事新闻（听新闻或看《新闻联播》）或棋类等家庭益智活动（由各家庭自定）				
19:30—20:20	精读优秀习作（2篇）、家庭围炉阅读				
20:30—21:20	洗漱、睡觉（九点必须上床）				

我把作息时间表发在了班级微信群，让家长朋友下载、打印，参照作息时间表有规律地进行居家学习。家长朋友也很重视，按照作息时间表有条不紊地执行着。

没想到，家长朋友和孩子们刚适应这个作息时间表才一周的时间，学校领导通知，桐乡网课停止，接下来将全面由嘉兴云课堂统一播放网课，可以在电视上观看。

顺应变化，我根据嘉兴云课堂（未改版前）的安排，给班上的孩子们重新制定了一个班级作息时间表，让家长朋友借鉴和运用。

鸿鹄班2020防疫时期居家学习作息时间表

时间	周一	周二	周三	周四	周五
7:30	起床、早饭				
8:00—8:30	文学类书籍阅读				
8:30—8:40	早读 一、三，语文；二、四，英语；五，经典诵读（《三字经》）				

续表

时　间	周　一	周　二	周　三	周　四	周　五
8:40—9:00	两遍广播体操、休闲活动				
9:00—9:40	网课（语文）	网课（语文）	网课（语文）	网课（语文）	网课（语文）
9:40—10:10	眼操、休息				
10:10—10:50	网课（数学）	网课（数学）	网课（数学）	网课（数学）	网课（数学）
10:50—11:20	绳毽笛运动				
11:20—12:30	中餐、实践活动（烧菜或洗碗等家务劳动）				
12:30—13:20	朗读两篇优秀习作、自主完成各科作业				
13:30—14:10	网课（科学）	网课（英语）	网课（科学）	网课（英语）	网课（英语）
14:10—14:40	眼操　休息　欣赏音乐				
14:40—15:20	网课（德育）	网课（科普）	网课（科普）	网课（科普）	网课（心理）
15:30—16:30	学有所长（才艺）	学有所长（才艺）	美　术	学有所长（才艺）	学有所长（才艺）
16:40—17:00	科技类、数学类、英语绘本类阅读				
17:00—18:30	晚饭、休闲				
18:30—19:00	在线答疑、咨询、交流				
19:00—19:30	了解时事新闻（听新闻或看《新闻联播》）或棋类等家庭益智活动（由各家庭自定）				
19:30—20:20	自主运动、家庭围炉阅读				
20:30—21:00	洗漱、睡觉（九点必须上床）				

父母可以直接运用我提供的作息时间表，也可以根据我所提供的作息大方向，和孩子一起制定一张全天候作息时间表，避免慵懒习惯、晚睡晚起的寒假习惯一直延伸。小学生因年幼缺少自控，部分孩子又有拖延习惯，

缺少时间观念，这个时候，父母的唠叨、催促反而会起一个反作用。

　　从早上起床、观看网课到晚上睡觉，再融入运动休闲、家庭趣味活动等项目，有规律地分割时间，张弛有度，鼓励孩子进行自我教育和自我监督。建立奖惩制度，及时认真做好每一项，打个五角星，督促孩子养成良好作息规律。

　　下面是我班小Z同学和爸妈共同制定的一张作息时间表。作息表的安排与我们嘉兴云课堂的网课学习（嘉兴云课堂升级版）、孩子自身的具体情况、才艺练习等有机融合，借助表格培养孩子的自律意识和时间观念。每个家庭情况不一，可以制定适合自家孩子的一天作息时间表。

时　间	安　排
7:30	起床、早饭
8:00—8:30	阅　读
8:30—8:40	早读《宋词100首》
8:40—9:00	广播体操、休闲活动
9:00—9:30	网课（语文）
9:30—9:50	眼操　休息
10:00—10:30	网课（数学）
10:45—11:20	网课［科学（一、三）　英语（二、四）　心理（五）］
11:20—13:00	中餐、实践活动（烧菜或洗碗等家务劳动）
13:00—14:00	自主完成各科作业
14:00—15:00	绳毽笛、欣赏音乐
15:00—16:30	钢琴练习（才艺）
16:30—18:30	晚饭（学烧菜）、家庭休闲活动
18:30—19:30	家庭运动、益智活动时间　周五晚：电视时间（半小时）
19:30—20:30	家庭围炉悦读
20:30—21:00	洗漱、睡觉（九点必须上床）

作为班主任，我出示一份优秀学生作息时间表范例，发给全体家长，让他们根据自己孩子的具体情况制定作息时间表，不要求强制执行，只是一个建议。天乐、昕玥、佑宸……一位位孩子都和爸爸妈妈一起制定了符合自己特色的作息时间表，有序地开展居家学习。

表格制定了，如何落实呢？尤其是一些家庭，爸爸妈妈处于加班之中，无法监管孩子的居家学习。这时候，爷爷奶奶这些长辈闪亮登场了，借助作息时间表，召开家庭会议，落实爷爷奶奶等长辈有效提醒并记录每一项的完成情况。按表落实，奖优罚懒，提升孩子居家学习有效性。借此，培养孩子自律，形成自我教育能力，让小学段孩子的居家学习富有勃勃生机。

针对小学生居家学习生活，作为班主任，我重点向家长朋友提出了这些有效建议：

（1）别让知识一飘而过。

网课很精彩，但没有在校老师授课时的互动和温度，自控力相对较弱的小学生观看网课时，一不留神，知识点就会一飘而过。对中年级及以上的孩子，家长尽量鼓励孩子做笔记，记些关键词或重点词，或拿出自备本及时记录，这有助于孩子融入网课环境，提升听课效率。

（2）别将运动抛之脑后。

即便居家学习，也要让孩子坚持运动，可以跳绳、踢毽子、做广播体操或健身操、转呼啦圈、高抬腿等，让孩子能真正动起来。

运动与学习结合，学习也更高效，孩子也更有精神。一个人，如果能将运动贯穿一生，那他的生活质量就更高，身体更健康。

（3）让阅读造就温馨时光。

居家学习，时间相对宽裕，学业也没有在校时紧张，这个时候，让孩子补充能量，增加阅读时间，多读点课外书，丰盈孩子的内心世界，增加他的从容与旷达。

鼓励父母融入阅读，比如晚上可以开设亲子悦读时光，通过亲子围炉悦读、和爸爸妈妈比赛读等有趣方法，让家庭弥漫着浓浓的书香，让父母与孩子的心灵靠得更近。

（4）让家庭责任慢慢升腾。

手脑相连，家务劳动不仅仅促使孩子的大脑思考，更利于培养孩子的家庭责任感，体验到父母的艰辛。

每天可以抽取一定时间，让孩子参与家庭实践活动，洗洗碗，擦擦桌子，高年级的孩子可以学习烹饪、烧菜，培养学生的动手能力。

每个居家学习的周五傍晚，我会利用腾讯文档，收集了解一周来每一位孩子居家学习遇到的困难，家长、孩子是否焦虑，孩子存在的问题。一旦发现孩子在家有过激反应或失控的情况，会逐一与家长进行细细沟通。针对班级一周居家学习的共性问题，做好简单明了的文字总结，用温馨提示的方式，在班级微信群中告知我们的家长。

非常时期，家校携手，借助科学合理的作息时间表，培养孩子的自律意识，提高居家学习的有效性。

14 腾讯文档，调研帮手

一场突如其来的新冠病毒，让2020年的新春颇不平静，居家学习、云课堂成了很长一段时间内的常态。

寒假结束，开始居家学习，在网络上提交各种作业。为了全面了解孩子们寒假中的种种表现，我利用腾讯文档，开始全面盘查。

这是新学的本领。学校教导处上传了一个如何操作腾讯文档进行数据采集的视频，我按照视频教学所提供的步骤，一步一步往下操作，不行，又重新观看，摸索着，操作着，不懂，便问教导处的燕子。终于，第一份"鸿鹄班寒假在家情况调查问卷"新鲜出炉：

寒假期间的学习是否自觉？需要家长催促吗？

《经典诵读》是否已经背完了呢？还剩几首？

看课外书时，需要您提醒吗？您觉得您家孩子喜欢看课外书吗？

寒假中，孩子几点起床，几点睡觉？作息是否有规律？

寒假中您家孩子看电视了吗？若看，看什么节目，每天约看多少时间？

明天开始的居家学习，按照课表，您觉得在您家能落实吗？家务劳动偏形式主义还是孩子真正去做了？

您对孩子的寒假（学习、家务等各方面）表现，总体满意吗？

最困扰您的是孩子的什么问题？若有请具体说明。

生成二维码，发在班级微信群中，让每一位家庭选派一个代表填写。

一个小时不到，数据收取完毕。我马上在电脑上下载腾讯文档APP，即刻提取数据，细细了解每一位孩子的寒假在家情况。不调查不知道，一调查吓一跳，原来部分孩子每天看电视超两小时，早上睡到十点多，做家务形式主义，亲子关系紧张……问题一堆呀！

我马上把孩子们的寒假在家表现情况统计好，系统整理了做得好的地方，指出不足，提出下阶段居家学习该落实之处。

寒假在家情况统计反馈

好的方面：

1. 在家长的监督催促下，坚持学习。
2. 家务劳动大多能落实，做起来。
3. 50位孩子喜欢看课外书。
4. 坚持背古诗，已有48位同学全部背完。

存在的不足：

1. 绝大部分孩子作息时间不规律，起得晚，睡得迟，假期作息有点放纵。
2. 看电视过多，每天看电视一到两小时，甚至三到四小时的大有人在，而且看的是动画类和娱乐类节目。《诗词大会》《新闻联播》等有学习意义的电视节目反而看得少。
3. 还有8位同学《经典诵读》还没有全部背完，甚至有几位同学还是班干部和风雅少年，对自己要求不够高。
4. 只看自己喜欢的书。

要落实的：

1. 明天开始正常作息，早上七点半起床，晚上九点睡觉，家长也规律生活，带好头。
2. 严管电视，以防孩子视疲劳。多一些家庭益智活动、全家悦读的活动。
3. 这一周严格落实，后面两周才能到位地学习。早上七点五十看课外书时，这几天尽量在小组群拍个照展示一下。

我把反馈文字发在微信群，同时放在QQ群文件中，让家长朋友阅读，为下一阶段居家学习做好充分准备。

居家学习一周后，我继续利用腾讯文档收集资料，深入了解家长朋友的需求，全面掌握孩子们的居家学习情况，对部分家长提出的合理要求进行了解答，与主课老师进行了有序的衔接。

第一周居家学习问题反馈

1. 六位家长提到各科作业能否前一天晚上布置好，以方便家长提早准备。

答：已与主课老师反馈过了，尽量做到前一天晚上提前布置好作业。

2. 有六位家长反馈数学错误多，建议发些有关数学难点重点讲解的小视频。

答：鉴于网络学习的远程性，小何老师并不清楚到底什么样的题目才是您家孩子错误的题目、不懂的类型。若孩子有未掌握的题目，小何老师欢迎您随时利用微信、电话等方式进行咨询，也会适当运用一些小视频来讲解。

其实，在校学习期间，孩子的数学作业也会小错误不断的，这是一种正常现象。

3. 有家长觉得网课内容简单，有点吃不饱的感觉。

答：网课面向整个嘉兴地区的所有孩子，包括城市的和乡村的，孩子之间的差异性非常大，故上课的节奏比我们正式上课慢，希望各位家长理解。若觉得内容简单，孩子依靠自学能完成教材内容的学习，完全可以不看网课，进行自学，再加上家长的讲解。学习好的学生，想要老师进行一些深度的拓展，目前来看，有一定的难度。因为学习弱的孩子，连书本上的知识还解决不了，不能加重他们的负担。您可以根据自家孩子的具体情况及能力，提一些要求，做一些拓展。

4. 有家长觉得平时的作业太少，想要老师增加点作业。

答：目前来看，这个也难实现。孩子之间有差异，有些孩子完成网课的学习，已较累。想加作业，只能家长自己看着办。

5. 有家长觉得缺少书本很不方便。

答：的确，没有书本非常不方便。这个问题，我们老师无能为力，但刚从嘉兴的通知来看，这个问题应该很快能够解决。

6. 家长朋友觉得看网课伤眼。有八位家长反馈网课学习效果一般。

答：的确是的。但在这样的非常时刻，实属无奈之举。建议用电视机观看。根据我的调查，部分孩子寒假中看电视两到三小时，这个时间与看网课的时间接近。若网课在你家能用电视收看，与在校时的用眼应该差不多。我们平时授课时，大部分课要用课件。还有，若觉得用眼多，下午第四节科普课完全可以不看，数学、语文若已经觉得懂了，也完全可以不看。收看网课，自主自愿。看好后，及时做眼操和放松活动，不要急急忙忙做作业，那样比较伤眼。

7. 少部分家长反馈网课效果一般，孩子学习不够自觉，尤其是科学和英语的效果一般。

答：非常时期的远程教学，是无奈之举，对自觉的、学习好的孩子，几乎不会有影响，若有影响，微乎其微。对不自觉、成绩差的孩子影响较大。在校上课期间，主课老师时时盯着，课下反复巩固。所以此时家长的严格落实，对孩子的帮助很大。

至于检测网课的效果，孩子的作业若会做了，差不多可以算掌握了。

科学、英语具有特殊性，部分家长已无法引导，但听比不听要好。我们班级的授课老师水平相对突出，但我们不能要求所有网课老师的水平也达到一定的高度。希望家长朋友理解。

8. 有一家长反馈最好减轻家长压力。

答：感谢家长的如实回答，表示深深理解。各科的作业批阅、订正、上传，全是自主自愿，家长工作繁忙，可以不批、不传。

9. 有一家长反馈孩子没必要按照作息时间表学习。

答：作息时间表，只是一种参考依据。什么样的作息最适合自家孩子，家长可以自己定夺，都没关系。

继续努力，同心同德！

第二周、第三周……连续四周，每周五下午，我利用腾讯文档采集信息，了解孩子们的居家学习情况，针对部分家长朋友反馈的孩子的不足，通过微信和电话进行沟通，与孩子进行远程聊天与谈话，及时疏导。

　　腾讯文档，让我全面、透明、高效地看到每一位孩子的居家表现，了解每一位家长朋友的需求和困惑，尽自己所能，为特殊时期的特殊学习，尽自己的一份绵薄之力。这一份用心，也得到了家长们的理解和认同。

15 现场比赛，奖杯励志

对于班级课程建设，鸿鹄班一直在努力经营。在课程建设中发展小鸿鹄的思维、想象、记忆等综合能力，开拓他们的视野，提升他们的语感。

一年级读写绘课程丰富了孩子们的想象力，《三字经》《弟子规》的吟诵，有利于国学知识的沉淀和积累。二年级中国地理亲子课程，让我们拥有了出门旅行前做攻略的意识，中国历史课程让孩子们小小年纪便对中国历史的发展，有个粗粗了解，以此培养孩子们的人文精神。三年级的小主播课程让我们走进希利尔所描绘的历史世界，高定位，高发展，鼓励我们把关注的目光放眼世界和未来。从三年级到四年级上学期结束，整整三个学期，我们从秋穿越到冬，经春到夏到秋再到冬天，一年半时间，我们走进《小学生小古文一百课》（上、下）。

每天的语文课，我拿出五分钟时间，与孩子们一起学习小古文，反复涵咏。当上课铃声响起，琅琅读书声随之响起，边等待老师边吟诵古文，已成为鸿鹄班一大特色。

上册的五十篇古文，生动活泼有趣，较简单，对于穿越过《三字经》《弟子规》的小鸿鹄来说，不是一件难事，轻而易举拿下。我们举办了结束仪式，让每一位孩子对每一篇小古文进行了吟诵，吟诵45篇及以上的就算优秀，大部分孩子达到了优秀。

然而，进入下册的五十篇，犹如攀登高峰，行走越来越艰难了。一篇篇小古文艰难晦涩，读起来拗口，理解也难。《曾参杀猪》《四面楚歌》等，信息量大。

除了平时上学期间，寒假、暑假我们也争分夺秒，在坚持，在努力。寒假十篇、暑假二十篇，完全利用孩子们在家的时间。为了降低难度，我录制了讲解古文的音频,当然,这一切是在自愿的基础上,绝不强求。

在家长朋友的支持下,40只小鸿鹄愣是咬牙坚持,一遍遍聆听音频,一遍遍朗读,一遍遍理解意思,冲向一个个高峰。为孩子们的坚持喝彩!为家长朋友们的支持喝彩!

进入四年级,我们更是建立了小古文坚持群,由家委会秘书长高熙雯妈妈主管、记录,我负责在学校教小古文,尤其一些多音字,我反复强调,每天抽时间让孩子们反复吟诵。果然,经过我的指点、教导,孩子们在家背诵速度快了许多,录制视频容易多了。无论功课多忙,我们每周坚持学习一到两篇,至2019年的12月全部学完,读完,背完。

除了一位孩子记忆力弱,学习吃力,其余55位孩子全部坚持了下来,连刚转来的小郭同学都没有落下一篇。小古文的浸润,宛如打通了孩子们学习的任督二脉,一个个记忆力明显提升,背起来快了许多。以前的宇梵背一首20字的古诗,需要一到两小时,现在篇篇小古文紧紧跟上。书瑶也是,峻瑶也是。不经意之间,孩子们有了蜕变。

我知道,孩子们当时坚持了,若没及时温习,将很快遗忘。怎么来给这个课程搞一个隆重盛大的结业仪式呢?

那就来个小古文争霸赛吧!我从网上定制了三个金灿灿的奖杯,奖杯上写上:

鸿鹄班小古文争霸赛
冠(亚、季)军

为什么三个奖杯几乎一模一样,没有什么区分度呢?我想,本着鼓励原则,激发孩子们热爱小古文的兴趣,才是最主要的。

奖杯没多久就到货了,我拍了一张三个奖杯的照片,发在了班级群中,并告诉全体家长和孩子们小古文争霸赛的规则:参加冠亚军决赛的,下、上册各50篇小古文都要背诵,并列的情况下,谁的速度最快谁就夺冠。参加鸿鹄小才子(小才女)的,背诵本学期学过的20篇小古文,不限名额。希望孩子们量力而行。时间已到期末,已经在复习阶段,且语文、数学桐乡市要抽考。

我把奖杯拿来，放在教室后面的橱柜中间。孩子们看到后，一只只眼睛里发出闪亮的光芒，恨不得立刻把它纳入自己囊中。

正式决赛了，首先参加小才子（小才女）决赛的孩子起立。将近20位同学站了起来，也包括参加冠亚军决赛的孩子。同桌就是评委。我告诉评委们，规则就是允许回、漏两次（提醒两次），同一篇小古文错三次就淘汰。从第81篇开始背，逐篇背。每背一篇，坐下一拨孩子，坚持到最后的只剩下六位了：朱笈弟、黄佑宸、黄睿涵、邵心近、唐翌展和高熙雯。

到冠亚军决赛了，唐翌展主动就座，不再参加，暑假他去美国游学，有20篇小古文没有背，也没时间补，故不再参加。

何老师也来观看我们的比赛，被孩子们惊呆了。一些小古文他是到了初中、高中才开始背的。我们的孩子小小年纪接触了，还会背，他表示惊叹。

五位孩子进入冠亚军决赛。首先上场的是黄佑宸，他轻松背完我抽的任两篇小古文，暂时安全。黄睿涵、朱笈弟也轻松过第一轮。轮到邵心近了，她在犹豫了一下之后，也过关了。高熙雯在那首拗口的《推敲》上栽倒，淘汰。

进入第二轮，我继续任抽两首，选了三篇最难的、拗口的，三男生轻松过关，邵心近淘汰。

舞台上只剩下三男生了，第一、二届古诗词班级冠军朱笈弟、黄佑宸，还有以非常微弱的弱势败于黄佑宸的黄睿涵。三位绝对有实力的男生。

继续过关，黄佑宸、朱笈弟再次轻松而过，下面的同学聆听时屏住呼吸，过关时欢呼连连。黄睿涵在那首绕口的小古文上败下阵来。他说，他最不熟的就是这一首。

最最激烈的冠亚军决赛了，两位孩子非常有实力，水平伯仲之间。任何一位孩子赢，我都表示深深钦佩。我和何老师一起担任评委，为了公平起见，何老师当朱笈弟的计时员，我当黄佑宸的计时员。

当我报了一篇小古文的名字时，一开始黄佑宸因紧张，记不起词，朱笈弟声音响亮，快速背诵，黄佑宸后来跟着他的声音，直接开背后面的内容，超越了小朱，前面的内容没有背。

同学都说朱笈弟背得快。重新来过！我让何老师带着朱笈弟去门外计时，我和黄佑宸在教室里，我随机选了一篇难的小古文，结果朱笈弟以两秒的优势赢得了小古文争霸赛的冠军。

何老师给获奖者们一一进行颁奖。整个比赛精彩纷呈、刺激无比、险象环生。同学们看到冠亚军背诵速度之快，一个个瞠目结舌，纷纷表示被惊呆了。

我让获奖者上台发言，谈感受。

黄佑宸说："因为复习这小古文，好几次流下了眼泪，背不出了，但没有放弃！这段时间一直在复习。"黄睿涵说："每天晚上作业做好之后，就在复习小古文，也流了几次眼泪。"唐翌展说："我连吃早饭的时间，也在记小古文。"朱笈弟说："这一周，都在复习小古文，不熟的小古文都做上了标记，反复背诵。"

越努力越幸运！

这一场高潮迭起的小古文争霸赛，给孩子们上了精彩的一课。那就是——

不经历风雨怎能见彩虹呢？没有人能随随便便成功！

同龄人的亲身示范，身边的榜样，带给同学无穷的力量，这就是这次争霸赛的意义所在。

第二辑

多情的心理关注

　　小 H 脸上灿烂的笑容生动诠释了"每一位孩子都是班级的全部"的价值追求，对于这样的价值取向的坚守，就是我作为一位班主任的最大职责所在。

1 设身处地，上门家访

腾讯文档、微信、电话，成了居家学习期间，我与家长朋友、孩子们沟通的三大主渠道。我把关注目光，更多地投向几位学习能力弱些的孩子，希望他们能圆满完成非常时期的非常学习任务，故与这些孩子的家长保持颇为密切的联系。

小Q在我班算是学习较累的孩子，人蛮聪明，在校遵守纪律，上课专心听讲，交友等各方面能力强，但感觉这孩子与书缺少缘分，不喜欢阅读，倘若新接触一个知识，学习上悟性明显比别的孩子少了几分。花有迟开早开，她属于花期尚未到来的那一朵。

平时在校学习时，老师关注多，课堂上经常叫她，下课后会把她拉到身边，重点讲给她听。爸爸妈妈也重视，回家后能帮助及时巩固，但她的学习依然落在后面。我常与孩子妈妈说，尽力了就好。

居家学习，对小Q来说，的确属于严峻考验。小Q平时在校上课，在老师特别的呵护之下，勉强跟上大部队。居家学习，收看网课，让经常听课属于神游状态的她，面临着一座又一座的山峰。

爸爸妈妈三月份开始上班，家中只有她和哥哥两人，哥哥为初中生，自己也忙着上网课和做作业，无暇顾及妹妹的学业。我隔几天就与孩子妈妈联系一下，或发微信，或通电话，了解她的学习近况。

数学简便运算本身是个难点，网课的学习，容易使孩子处于游离状态，何况本身跟起来较累的孩子。正如妈妈所讲，每天的网课学习，小Q听了点什么都不知道，作业全都不会。爸爸妈妈拖着疲惫的身子下班回来，必须给孩子重新讲一遍，小Q才会做。若是听爸爸讲的时候，她态度好点，诚恳点，谦虚点，爸爸妈妈也不至于发脾气。关键是小Q在爸爸妈妈面前，

第二辑　多情的心理关注

还不耐烦，经常是爸爸没讲几句，她就在一边没好口气地说："知道了！知道了！别讲了！我会做了！"结果提笔一做，错光光。

妈妈告诉我，爸爸其实很有耐心，只是被小Q逼得火气直往上冒。某晚孩子不虚心、不耐烦，朝父母叫喊，教她作业的爸爸肝火上升，摁住小Q的小屁股就是一顿"红烧蹄髈"。小Q边哭边进行反击，说爸爸家暴，她打开儿童电话手表，说要打110。爸爸妈妈哭笑不得，后来妈妈夺下了电话手表……这与学校里的小Q迥然不同。在学校，除了成绩差，其余挑不出啥不足。

我告诉妈妈，心态放好点，不要去打孩子，耐心点。妈妈告诉我，是孩子态度不好，快把爸爸逼疯了。

我让孩子听电话，电话中传来小Q柔柔的美美的声音。我与孩子在电话中沟通了好久，她自己也认识到这样是不对的，以后会认真听网课，不懂的地方认真听爸爸讲。

持续了将近一个月，我不定时与妈妈联系，妈妈告诉我，家中一切正常。通过网络看她的作业，能将就。这样的平静延续到某一天，我与妈妈沟通，了解到家中再一次重现"灾难现场"——孩子不好好听爸爸讲题，题目错光光，爸爸再一次没忍住，揍了她屁股，孩子哭着喊着说要离家出走。因那时已经是晚上九点多了，爸爸赌气地与女儿说："明天再出走吧！今天已经很晚了。"

第二天早上，爸爸起床，给孩子20元钱，让她自己乘坐公交车。睡了一晚的孩子也平静了下来，与爸爸说："我又没有说要离家出走，是你要离家出走。"爸爸妈妈当即哭笑不得。

我与孩子通电话，孩子与我说，心情不好，晚上睡得也不好。我电话疏导了许久。但毕竟是电话，哪有现场沟通那么顺畅！

想着父母焦虑不安的情绪，考虑到疫情慢慢减弱，桐乡控制得很好，上门家访问题不大。我问妈妈哪天有空，我和何老师上门家访，当面与孩子聊聊，让何老师帮助疏导一下数学。

与孩子妈妈约好时间，我和何老师戴着口罩上门家访，检查了孩子的各科作业。何老师细细看了她的数学作业，把不会的题目理了理。何老师讲，她认真听，态度谦恭，听得专注。妈妈告诉我俩，若爸爸讲时也能这样，她无论如何不会挨揍。

孩子听何老师讲好后，去自己房间了。我们与孩子妈妈聊天，具体了解居家情况。

我想与孩子再聊聊，她妈妈朝小 Q 房间呼喊："小 Q，小 Q。"喊一声，没应答，喊第二声时，房间里传来孩子很不耐烦的应答："干嘛！"我和何老师听得面面相觑。当着老师的面，对妈妈态度如此之差，可见这孩子在家处于失控状态了。妈妈尴尬又无奈：孩子在家就是这个态度。

我把孩子叫到了一边，与孩子好好沟通：不能对父母态度这样差，爸爸妈妈上了一天班，还管你学习，你将心比心，他们容易吗？孩子告诉我，不容易。我让孩子放平心态，不好好听讲，自己不开心，父母也不开心，没多大意思。孩子也说没意思，并与我说，以后会控制住自己的脾气，好好听网课，好好听爸爸讲解。我叮嘱孩子好好听话，我每天向妈妈了解在家情况，并与孩子约定，若好好控制脾气，可是有奖励的哦！孩子愉快地答应了。

我们也让妈妈转告爸爸，放平心态，不要焦虑，慢慢来，孩子居家落下的功课，等正常开学，我们会帮助辅导。

妈妈长舒了一口气，说将和爸爸一起努力，调整好心态，控制脾气。

非常时刻，走入家庭，疏导亲子之间的不和谐，解决家长的燃眉之急，与孩子进行心灵沟通、疏导，努力让孩子成为一位懂沟通、善感恩、爱学习的孩子。

2 通识培训，关注心理

突如其来的近三个月居家学习，家庭中不和谐的声音此起彼伏，亲子关系出现了小小裂痕。

复学初始，学校用了一张问卷调查，全面调研孩子的居家学习情况以及这一段时间的心理状态。发下问卷，给孩子们测试，让他们根据提示完成选项。

收上来，一张张细细阅读。我按照学校要求，重点关注几条：面对开学，你心里有焦虑吗？你晚上睡眠质量好吗？……

从问卷中，了解到面对开学，有的孩子心中有焦虑、不安，也有孩子晚上睡不踏实。

我充分利用早晨、午休、大课间等时间，把问卷上流露出有焦虑倾向的孩子一个个找来，面对面心理抚慰。我告诉他们，现在咱们中国疫情控制得不错，每一位孩子测体温到校，学校做了许多防护措施，请暂时放下不必要的焦虑。

也有孩子说，焦虑、睡不好觉其实并不单纯缘自疫情，以前就存在，面对自己不断滑坡的成绩以及来自家长的成绩上的压力，有焦灼感。

我尤其关注第18条内容：疫情期间，如果您遇到心理问题或者心理困扰，您最先向谁求助？上面有五个选项：班主任、心理老师、朋友、家人、其他。

为什么我这么在意这一条选项呢？记得有一年冬天，去嘉兴参加一项评比，有幸与嘉兴心理健康专家同为一组。他谈及近年来，非正常死亡的学生，新居民居多。父母挣扎在社会底层，忙于生计，无法顾及孩子身心。孩子从老家来到这里，渴望融入当地，但因成绩、文化、条件等诸多因素，很难完全融入。心理预期与现实的落差，父母又没有帮助消化，孩子容易采取不负责任的逃避方式结束生命。而外地的父母一旦在本地有了稳定工作，有闲暇时间陪伴孩子，这样的惨剧几乎就不会发生。我又想起来多年以前听孙云晓老师讲课，他谈到某地一所高中的一位女孩，早恋，冲动之后与男友发生了关系，有了身孕，但她不敢与父母说出真相，最后留下一封遗书离开了世间。什么样的父母是成功的呢？事业再成功，孩子不愿意与你说心里话，便算不得成功的父母。

我开始统计鸿鹄班的选择情况。

（1）选班主任的有4位。

（2）选心理老师的有3位。

（3）选朋友的有11位。

（4）选其他的有3位。

（5）选家人的有35位。

有近三分之二的孩子愿意与家人沟通，说明我班家长平时挺关注孩子心理的。为什么孩子会选其他呢？我找来了小全、小旦、小鸿。小旦是一位非常调皮的孩子，平时应该与父母沟通比较多，但他告诉我，有什么不开心，一般不会与父母说的。小全说，爸爸妈妈很严格，又比较忙，他还补了一句：爸爸妈妈比较喜欢妹妹。小鸿说，爸爸妈妈都很忙，没时间与自己聊天。

选心理老师的小立说，感觉心理老师更专业些。他属于报喜不报忧型，天性调皮，爸爸压得紧，平时什么也不愿意与爸爸多说……我一位位找来问询，了解原因。我真的没想到，同伴在四年级孩子心目中的地位这么高了。小靓告诉我，觉得好朋友比妈妈还亲近。

看来，真的很有必要给家长朋友作一次全员通识培训。我着手准备PPT，准备讲稿。

一切准备就绪。

那天晚上，七点左右，我把课件题目"家庭的亲子亲密关系与孩子的心理困扰疏导"发在班级群中，告诉全体家长，约在晚上九点给全体父母做一个培训，只向家长开放，不建议孩子收听。

在讲座之前，我把这个题目发在班级群：当孩子遇见心理困惑，最希望孩子向家长求助的家庭，请回复个1，无所谓的回复一个2。无一例外，54个家庭全都回复了1。试问，哪一位父母希望自己的孩子有了问题，不向自己求助而向外人求助呢？站在父母的角度，总是希望孩子有了什么心理危机，第一时间向自己求助。

事实是什么呢？我把鸿鹄班的数据告诉全体家长，同时又反问我们的家长朋友：站在孩子的角度，为什么有心理困扰，不愿意向父母倾诉？

我罗列原因：

（1）父母挣扎在社会较底层，为温饱奔波，无暇顾及孩子心理。这个情况，在我们班级几乎没有，不存在。

（2）父母创业，生意人，尤其是刚起步或小作坊，无心无力顾及。

（3）与孩子之间缺少沟通，除了谈成绩还是成绩，成绩成了与孩子交流的主要内容。

（4）父母双方都比较严格，比较强势，缺少推心置腹的交流。

（5）父母没有与孩子精神交流的意识，以为吃饱穿暖、学习管住就行。

（6）家有二胎，打打闹闹，同胞之间相爱相杀，父母难以平衡。

（7）同伴的地位已超越了父母的地位。（随着年龄的增长，同伴在一位孩子心目中的地位将越来越高，高中将达到顶点，读了大学到25岁后，渐渐回归父母。）

如何指导家长朋友更好地进行家庭教育？我主要列举了以下几点：

（1）运动放在首位，爸爸们行动起来，陪孩子一起运动。

（2）创设温馨的家庭氛围，给孩子足够的安全感。

（3）教养模式：经常给孩子拥抱、微笑，告诉孩子你爱他，批评他也只是批评他的不足，不影响父母对他的爱。当孩子考试考砸了，能给予一些关爱和理解。

（4）亲子沟通：拒绝家庭冷暴力。

（5）孩子的过错都不是错，在错误中成长。

（6）培养孩子的自律、自控能力。

讲座结束后，家长纷纷表示感谢，说这是5·20最好的礼物。

晚上十点，我接到一位妈妈的微信：

"谢谢许老师，用您的宝贵时间为我们作微讲座。今天我问孩子，选择了什么，孩子告诉我选择了其他。说真的，我有点惊讶和难过，我问他为什么选择其他，他的回答竟然是：前段时间每天磨磨唧唧到很晚才睡觉，他与我聊天，问问题，我都没有正面回答他，只是随口说了句'别那么多废话，赶紧洗澡睡觉'（因为很晚了嘛）。我一直认为这孩子每天在家跟我们家长顶嘴、抬杠。从他的选择来看，是我们家长对他关心不够，伤害了他，还是我们或他本身心理存在问题呢？谢谢许老师的付出！"

微信上读到这段文字，我很高兴。这是一个二胎家庭，哥哥已是小伙子，爸爸妈妈年近五十，家族企业处创业阶段，平时忙碌，无暇顾及孩子心理。

我连忙告诉孩子妈妈："孩子心理肯定没问题，你们以后多些陪伴就可以了。"

"好的，谢谢许老师！我早就说我最亏欠的就是孩子了，把他生下来又顾不上好好陪他，内疚、难过，又力不从心，此时的我眼泪不止，担心把孩子给耽误了。许老师麻烦您找时间与他爸私聊一下，我一个人有点力不从心，希望他爸也能花点时间在这孩子身上，多关心关心孩子。谢谢许老师！"

第二天，我给孩子妈妈打了电话，细细了解孩子情况，又给孩子爸爸打了电话，叮嘱爸爸多陪伴。爸爸愉快答应以后一定多陪孩子。

看到一个个家庭开始喜欢孩子最初的模样，再忙也抽时间陪伴孩子，一位位孩子的笑脸开始绽放。

微信群中面向家长的心理通识培训，结合了我班孩子的真实心理状况，用相对比较专业的心理知识指导家长，让家长更多地关注孩子的心理，而不是仅仅关注孩子的学习。这样的家庭教育心理知识的普及，通俗易懂，又能紧紧联系孩子的实际，收到了良好的效果。

3　破阵解围，联名上书

刚吃好中饭回来，看见桌子上有一张白色纸头，上面密密麻麻写着一些字：

你们想不想把 YZX 从我们组换走？

29 号：想。因为我们做错了一件小事，她就告诉老师。她做错了一件大事，我们要去告诉老师，她不让。

22 号：想。因为我从她身边走过，她就很凶的（地）对我说，干嘛啦！

49 号：和 29 号一样

1 号：总是管别人很厉害，自己上课说话还不承认，还骂别人。

43 号：想。因为总多管闲事儿，还特凶。

哇！这不是传说中的联名上书吗？乖乖！四年级孩子思想如此复杂，我平素第一次遇见。

我知道 YZX 这位小姑娘待人处事相对强势，但没想到她在这个小组的处境已如此不堪，居然引起了小组的公愤。

联名的"牵头者"是谁呢？为什么要这么做？……我一看字迹，这不是 XX 吗？XX 与 YZX 前后座位，估计发生瓜葛多，莫非已水火不容了？

我的内心充满了千千万万个问号。

我把 XX 和佳烨请进办公室。XX 告诉我说："YZX 很凶，动不动发脾气，辫子碰到一点她桌子也不行！"佳烨也告诉我说："YZX 很难相处，与她做了朋友，不能与其他同学玩。"

我走到教室里继续调查，纸上联名的这几位同学站起来"控诉"她的强势行为，主要表现为：下课时，YZX 喜欢看书，谁若在她附近大声谈笑，影响了她看书，她会很凶；对朋友有一定占有欲，与她做了朋友后，她不允许朋友再与别的同学一起玩；说话口气不好，祈使句多，口气生硬……小航也表示了他的反对意见。"那小航你为什么不写呢？"我问。他说："虽然我不太欣赏 YZX 的行为，但我觉得没必要写！"同时，我也问了 YZX 的同桌李鸿煜以及组里另几位没写的同学。他们告诉我，觉得能将就她，没必要写。

我了解情况后，把又犯强势病的 YZX 请到了办公室，问她到底怎么一回事儿。我把同学们的联名上书扔给她看。YZX 一脸无辜地告诉我，她没感觉到同学对她的意见如此之大。我与她推心置腹交流：己所不欲，勿施于人。置身于这样的孤家寡人地步，小姑娘心里终究不是味儿，流着眼泪告诉我，会改。我帮她出主意：要不，你当着全班同学的面，向你们小组同学道个歉，告诉他们，自己不是故意的，以后一定改。最主要的是修正自己的行为，不去干预别人的言行。

速战速决，把不良的影响降低到最低。我利用道法课处理这件事。首先，我说："今天我收到了第二小组的联名上书，反映 YZX 某些不让同学舒心的事情。YZX 心里很难过，告诉我说，她并不是故意的，想上来道个歉。"

YZX 上来了，红着眼睛对第二小组的同学说："同学们，对不起，我以后一定会改正，请大家相信我！"她鞠躬致歉。

我带头鼓起了掌。"知错就改善莫大焉。相信她能不断修正自己的行为。"同学们跟着鼓起了掌。

"亲爱的同学们，今天发生这样的联名上书，我心里不是滋味。YZX 不是什么十恶不赦的罪人，也不是一个十足坏蛋，只是一位做事说话不太恰当的同学，用不着这么兴师动众地联名上书吧！有什么事情，看到什么不良现象，告诉我好了，不要鼓动同学去联名上书，这给同学的伤害挺大，我觉得这样做不合适。"我对孩子们说道，"我不希望这样的事情，再在我班发生。谁组织联名上书，我找谁的责任。有事情，当面与我反馈，我一定会好好调查处理。"我表扬了同组中是非观念强、坚持不写的同学。四年级孩子，懵懵懂懂，要引导孩子拥有一颗能辨别是非的心。

我与 XX 妈妈联系，反馈了这事情。她告诉我：上周五放学，就听 XX 在与佳烨说，YZX 怎么不好，要给许老师打电话，被我和佳烨妈妈制止了。

不是什么重要事情，双休了没必要给您打电话，周一再向您反馈也来得及。我告诉XX妈妈，感觉XX想出这个联名上书的主意，并鼓动同学去写，不太合适。妈妈赞同我的说法，承诺回去后会引导。

我也与YZX爸爸联系，反馈了这件事情，告诉爸爸孩子的一些不合适言行。爸爸检讨了家庭教育的不足，在家也发现了这类情况，说以后会好好干预。

我再把XX和佳烨请进办公室。佳烨告诉我，本来她不想写，可XX一定要让她写。

"XX呀，我也理解YZX的一些行为让你觉得无奈。上一周，我不是让你们当面反馈同桌不足或前后桌不想坐的情况吗？你当时为什么不说呢？"XX告诉我说："主要怕YZX报复，见了她有点怕。""XX，你为什么要想出这个联名上书的主意呢？有一句话，你听说过吗：枪打出头鸟！你是这件事情的主要策划者，你要承担主要责任呀！你有事情来与我反映就好了，没必要动静这么大！"我教育着孩子。"我知道YZX在待人处事方面确有不足，但你这样做，是置人于'死'地呀！同学一场，没必要！"我谆谆教导。"许老师，我知道错了，我会向她道歉。"

第二天，我看到两位小姑娘，已化干戈为玉帛，手牵着手。一场联名上书的风波云淡风轻地过去了。

我相信，在班上，诸如此类的联名上书，不会再有了。作为一位班主任，我不会纵容个别孩子的校园微暴力或语言暴力，当看到同学的不良（不合适）言行让人不舒服时，不要兴师动众，去搞联名上书等大动静行为，要选择向班主任当面数说的委婉方式或向同学委婉指出的方式。学会用合理的方式处理事情，这是进入高学段孩子该学习的技巧和为人之道。

4 置吹风机，以备不虞

学生毕竟是孩子，他们的行为往往具有太多不确定性和偶然性。每天风平浪静、学业繁忙的背后，常会遇见裤子湿、衣服淋湿、菜汤倒身上的囧况，杀得为师措手不及。让家长马上送来吧，等待的过程本身需要时间，有时家长因忙碌一时半会儿还没办法送来；不让家长送吧，万一受凉感冒了，对孩子身体不好。

灵机一动，我从家中带了个便携型旅行吹风机，以备不时之需。

一个忙碌的中午，我刚从食堂吃好，就听小朱同学告诉我，唐翌展裤子湿透了。怎么会呢？他可是鸿鹄班最懂事最听话的男生，怎么会把裤子弄湿了？我有点意外。原来他去厕所洗手的时候，平行班的孩子在水龙头旁玩水，溅了他一身，形成了裤子全湿的"杰作"。我连忙把他请到办公室，拿出我的吹风机，开始给他吹裤子。

风呼呼吹出来，我的手不停移动着，没一会儿，裤子从原来的湿漉漉，变为了干乎乎。呀！小内裤都湿了，我赶紧拿起吹风机给孩子吹，一边吹一边叮咛：以后看见有同学在玩水，躲开一点哦！三十六计走为上计哪！孩子拼命点头，说知道了。湿透的地方随着吹风机的移动转瞬变干，孩子喜滋滋地回教室了。

看，不需家长送衣服，多方便。幸亏我在学校放了吹风机。

又有一天，天空乌云密布。上完两节课，下课的时候，突然之间，雨水如豆子一般哗哗哗哗地落了下来。那雨突如其来，密布交织，孩子们在走廊上欢呼雀跃，这正是童年的幸福之雨吧！一只飞进教室的蜜蜂，一场突如其来的大雨，都会给孩子们的童年校园生活带来欣喜和激动。

"许老师，许老师，小金同学全湿了，他冲到雨中去了。"懂事的铭佳跑来与我说。"啊?这么大的雨,跑到雨中去呀!快请他到办公室里来,我看看!"四年级的孩子,怎么还这么幼稚呢!我有点不敢相信。小金来了,上身与头发湿淋淋的,传说中的落汤鸡非他莫属。

"你干嘛呀!是不是这段时间抗击新冠肺炎,你一直戴着口罩,太压抑了,需要释放一下呢?"小金妈妈的防护措施很到位,学校根据疫情防控规定,告知孩子们平时上课可以不戴口罩了,但金妈妈要求孩子一定戴好。是不是孩子内心需要释放呢?"许老师,我的笔掉了下去,我去雨中捡笔。"他尴尬地对我说,有点哭笑不得。

"那你也该撑一把雨伞去捡呀!"见了小金可爱的小样,我哭笑不得。

"好吧!好吧!我就当一回你的妈妈,给你吹一下吧!"我拿出了抽屉里的吹风机,让小金来到水池边的插座旁,给他吹起了头发和衣服,一边吹,一边与他聊天,气氛融洽和谐。"小金呀小金,你是不是心里压抑,想释放一下呢?"我问他。他裂开个嘴巴,朝我笑呵呵。"我这个妈妈,已经被我批评过了,就你生儿子吗?老是戴口罩戴口罩的!"听他这么说,我哈哈大笑。太可爱了!原来在家这孩子向妈妈抗议了呀。"小金呀,你妈妈做得也对,有一句话说,小心驶得万年船!小心一点总归没错儿。"我告诉小金。

吹干后,他乐滋滋回教室上课去了。幸亏我在学校放了吹风机。

又有一天,午饭后,我班小调皮小梵,整个后背一片湿漉漉的粉红样。咋回事呢?盛饭排队时,他不小心靠在后面的黑板报上,白色班服上留下了不少红粉笔灰。吃好中饭,去卫生间洗手时,班上两调皮蛋,玩水时溅到了他的上衣,于是后背一片湿透。乖乖!他家住在乡镇,不在梧桐镇城区,若让家长送衣服,至少得半小时吧!不怕不怕,不是抽屉里有吹风机吗?

我赶紧拿出吹风机,对准孩子湿透的衣服吹了起来。"小梵呀小梵,你平时呢,被许老师批评得有点多,许老师其实很关心你的哦!也很疼你的哦!以后在学习上可要多上点心哦!"我一边吹,一边与孩子谈心。此刻的孩子乖得如一只小绵羊,享受着老师给予的关爱。

孩子连忙点头说:"许老师,我知道了,以后我会改正的。"我从和他的聊天中，知道了小F和小H有时会互相泼水，耍一下。这种时刻的聊天，分外放松，也是我了解班情的好契机。

十分钟后，给他吹干了，在孩子的道谢中，我找来了小F和小H，了解他们经常泼水的原因，叮嘱以后不能这么做。

静静躺在抽屉里的这个小小吹风机，占地小，用处大，遇到特殊情况，实用、便捷。小小吹风机，帮助解决孩子的燃眉之急，架起师生情感交流的一座桥梁，它让师生心灵靠得更近。

5 榜样引路，迈步向前

六月，江南进入了雨水绵延的梅雨季节，天气阴晴不定，瓢泼大雨也时有发生。某周日下午，我刚送儿子参加兴趣班回家，一阵狂乱的瓢泼大雨哗哗落下，雨如柱，水如天。朋友圈看到许多小伙伴在晒大雨的照片。

回到家，我把手机静音，放到厨房，躺沙发上休憩。

等我醒来，已过四点，一看手机，两个未接电话，是一立爸爸。我赶紧发微信语音，问询有什么事。

爸爸语音告诉我，没什么大事，是关于小萍（化名）的事情。我赶紧打电话了解情况：小萍与一立，一年级开始在武馆里一起学习武术，家长彼此熟悉，一立爸爸一直比较照顾小萍。下午三点，突如其来的大雨，令人猝不及防。小萍乘坐妈妈的电瓶车，尽管穿着雨披，鞋子、衣服仍然都湿了。这样的瓢泼大雨，一件雨披无济于事，妈妈也浑身湿透了。妈妈让孩子下车去武馆，小萍就是不愿意下车，呆呆坐在电瓶车上不动。妈妈后来几乎在哀求小萍下车。但她心如磐石，不为所动。教练也出来劝了，让小萍先进去练武。小萍丝毫不听教练劝。一立爸爸实在看不下去了，也去劝孩子。谁知孩子板着个脸，白着眼睛，嘟着嘴巴，对一立爸爸说：“你是谁？我不认识你！”一副鄙夷不屑的样子。后来，妈妈想把她拉进去，谁知，她却趁机逃走了，满大街地奔跑，妈妈去追……一立爸爸实在太气愤了，告诉孩子：你这种态度不对，我要告诉许老师，让她评评理……

天哪！在学校乖巧懂事的小萍，在校外已失控到如此地步。一立爸爸告诉我：“觉得孩子妈妈太溺爱了！还不想让老师知道！”我很感谢一立爸爸的"多管闲事"，让我了解了一个多面立体的小萍。

我内心隐隐感觉，小萍家中没有轿车，估计浑身湿透的她，在生妈妈的气,觉得妈妈没用!一立爸爸分析,应该不至于,一立也是用电瓶车送去的。我说:"家中有汽车不开与没有汽车带给孩子的心理感受不一样。"

第二天下午,我先给孩子妈妈打了电话,了解当时的情况。孩子妈妈对我说的第一句话就是:"我让小萍给一立爸爸道个歉。"我说:"这事与一立爸爸并没多大关系,如他所说,他是'多管闲事'。我也相信,道不道歉,一立爸爸不会与一位孩子计较,主要是你家小萍对妈妈态度不好,也不听教练、一立爸爸的劝。这一种态度,要让孩子改。"我问孩子妈妈:"孩子平时在家脾气犟吗?这样的次数多不多?"妈妈告诉我:"有是有,有点犟,但比较听外婆的话,见了外婆有点怕。"

我把孩子找来,让她坐在我的身边,开始与她聊天。我毫不掩饰对她的喜欢——在校懂事、乖巧,行为规范好,虽说数学思维一般,但总体是不需要老师操心的那一类乖孩子。

"小萍,你为什么不愿意下电瓶车,不愿意进去练武呢?妈妈几乎在求你了,教练和一立爸爸也来劝你了,你为什么还不高兴进去呢?是不是家中没有轿车,你有点怪你妈妈?"我问她。

她点点头说:"是的!鞋子、衣服湿透了。"

凭着多年与问题孩子打交道的职业敏感,我的预测八九不离十。鸿鹄班孩子的家庭条件相对较优越,用同事们的话说,非富即贵。56个家庭,大多属于中产阶级。处身于这种群体,家中还没轿车,孩子内心的自卑感油然而生,产生一股对爸爸妈妈的既爱又恨加嫌弃的复杂情感。若站在孩子的角度,我觉得我完全可以理解她的无奈心情。

"那你告诉我,你家为什么不买轿车?你爸爸妈妈都还年轻呀!是因为家庭条件不允许吗?"我拉着孩子的手问。

"他们两个都不高兴去学车,家中条件也一般。"孩子皱着眉头告诉我。

从一年级开始,小萍都是由满头白发的外婆接送。外婆是上世纪下放过的知识青年,文化程度高,退休金还可以,但衣着朴素,具有一种朴实无华的气息。随着年级升高,妈妈接送比以前多了,这是一位老实本分的妈妈。我从来没有看到过爸爸,听外婆说,女婿做保安。30多岁的男子,正当壮年,正需赚钱,却在做薪水只有两三千的相对悠闲的保安,可想而知，爸爸能力是不强的，学历也不高。妈妈是本地一家商场的临柜员，去年大型商场倒闭，她失业了段时间，后又在另一商场临柜。家中经济状况可想而知了。孩子的生活起居幸亏外婆帮忙，外婆一月四千的退休金，差不多全花在了外孙女身上了。

孩子告诉我，爸爸妈妈关系一般，爸爸从来不管她的生活和学习，也拿不出一分钱。有次爸爸妈妈吵架，后来妈妈打了110。

还打110啊！听到孩子描述这个细节，我瞪大了眼睛。什么样的夫妻相处，才会闹到如此不堪的地步？孩子告诉我：时常生活在不安和恐惧中，担心爸爸妈妈离婚。家中条件一般，没有汽车，自卑。有的时候把脾气撒在老实的妈妈身上，孩子内心深处是爱自己妈妈的。

"孩子，许老师很理解你的心情。但你要知道，谁都无法选择自己的家庭，你妈妈尽她的最大能力，让你接受好的教育，学武术、学英语都要拿出钱来的。你到了那边却不肯学，一节课要近100元哪！你妈妈不容易呀！你不应该这样对你的妈妈呀！你现在要做的就是：好好学习，要把这个家庭支撑起来，以后找份好工作，让妈妈能享福。许老师小时候，家庭条件也一般，从来不吃零食，看着同村小伙伴吃时，我也有点羡慕，但我从来没有怪过父母，就想着自己该怎么努力，能改变我的家庭，能让爸爸妈妈过上好日子！爸爸妈妈不想学车，没关系，等你大了，你去学车，你开车。至于爸爸妈妈感情不好，你也无法干预，就不要去管它。你有这么爱你的外婆和妈妈，你不需害怕！"我好好劝导着。

我重点列举了隔壁班的女孩——一位身残志坚的孩子，左手畸形，小手指没有，家庭条件一般，贫困生，但勤奋好学，努力学习，每次考试都是班级第一名，是班级里最争气、最讨老师喜欢、最受同学钦佩的好同学。

"与她比，至少你身体健康，我们没有理由抱怨世界呀！"我还告诉她启新学校的一位浙江省时代好少年，十岁不到，爸爸去世了，妈妈卧病在床，每天早上起床给妈妈煎药、烧早饭，喂妈妈吃好饭，再去上学……我罗列了一个个同龄人的榜样，她听得泪眼盈盈。

我鼓励她，好好向身边的榜样学习。孩子频频点头，并向我允诺，以后一定对妈妈态度好。

我又与孩子外婆通了个电话，外婆告诉我，的确，女儿家条件一般，女婿不管事，也拿不出钱。我把孩子的心路历程告诉孩子外婆，并让外婆和孩子妈妈多关注孩子的心理，有事多与我联系，我会尽力做孩子的思想工作。

自那以后，我经常关注这个孩子：最近在家发脾气吗？父母有没有吵架？……

树立同龄人中比她更不幸却奋发的榜样，借此激励她上进，唤醒她对父母的爱与温暖，让她化自卑为奋发的动力，让孩子觉得她不是世界上最可怜的人。这是帮助内心深处自卑的孩子打开心结的一种有效方式。

6 友善交往，弄清界限

道法课，是有关道德品质养成的教育课，课上我常常会处理一些班级优良或不良现象。围绕班级"事故"或现象，我或引导或教育或表扬或批评。

又是一节道法课，我刚捧起书，正想讲书的内容时，突然有同学举手反馈：上体育课时，XX 和 WW，以及另外几位女生一起"追"R 同学，R 同学被追急了，大喊"救命"。R 孤掌难鸣，一群女生丝毫不理会，继续围堵，把他逼倒在地，一窝蜂上前打他。尽管女生下手不重，但这情况囧态十足。小川说，R 时而心情不好，向他倾诉。

我迅速脑补这一个操场上的"血腥"画面，江湖风雨如此飘荡不定，咱这个"武林盟主"还浑然不知！我把一双眼睛瞪得圆溜溜，用眼睛牢牢盯住几位女生，严厉的目光中伴随着探究，为什么？为什么？为什么？几位女孩，在我凌厉的目光注视下，一个个低着头，耷拉着脑袋坐在那儿。

"R 同学，你来说说怎么回事。"我让 R 同学说明缘由。R 同学站起来，说："我也不知道！反正下课时，只要经过 XX 身边，她就要骂我，有时候又和某某一起来追我！"底下的几位男生证明 R 同学说的没错。

"为什么呢？为什么不是追张同学，不是追唐同学，不是追冯同学，偏偏追的是 R 同学？我也有点好奇！XX，说明一下原因。"我把话语权转交给 XX，希望听听她的原因。

"因为他朝我做鄙视的动作！"XX 说。

"她总是来打我，追我，我没有办法了，只好做做鄙视动作。"R 同学表示无奈。我知道 R 同学属于老实男生，女生有机可乘。XX 这学期明显浮躁，学习不努力，心思野，一会儿策划小组联名上书，一会儿带头"追捕"R 同学，这不是明摆着不想好好读书的节奏？鸿鹄班的女生虽一直被优秀的男生压制，冒尖女生不多，学习步履维艰的不少，但鸿鹄班女生向来以乖巧、懂事、纪律好闻名，除了学习以外的其他事项不需老师操心。进入四年级，女生明显不静心，事情多起来了。

这时同学反馈，高高、路路、微微都去追打过小R，追到了女厕所那边。我现场调查一下，原来路路与小R做同桌时，小R某一个行为触犯了她，故去追他，打他。高高是去帮好朋友路路，为朋友两肋插刀。微微也没有直接与小R发生什么纠葛，是去帮XX。

四年级的男女生，已处于青春前期，男女生之间开始有懵懂好感。这一种追赶，似乎是在消耗这不经意滋长的荷尔蒙。这一种现象，从人生长发育的角度来看，完全正常。

我让几位女生向小R同学道了歉，告诉她们，此事到此为止，以后不能让此事再发生。同时我与全班女生说："女生如花、如水，有句话叫以柔克刚，女生要学会自重。推动摇篮的手，也是推动世界的手。温柔贤淑，我们得学会。不要去做野蛮女友，不要得理不饶人……"我表达了这样的希望：有过欺负男生行为的女生，要主动去道个歉，这样的行为不要再发生。

课余，我先找了小R同学细细了解：他学习的习惯不是很好，上进心不是很强，字迹潦草，经常受父母批评。刚读一年级的妹妹字迹漂亮，为人成熟，学业优秀。妹妹看到哥哥挨训，也常常大声训斥，哥哥见了妹妹害怕，心中郁闷。妹妹读大班时，某天幼小衔接参观我们小学，来到我们教室门口，对着哥哥就是一顿劈头盖脸的批评。当天就有同学向我反映，R同学的妹妹好凶呀！我曾向妈妈委婉反馈，妈妈告诉我，不觉得妹妹凶。

面对强势的女生和妹妹，如何捍卫自己的尊严？我引导道：首先不能纵容妹妹训斥，正面警告妹妹，若不行，学会反击，学会向父母求助，表达自己的心声。其次，在校，绝对不能让女生欺负，适当相让可以，绝不一味忍让，要学会反击，学会向老师寻求帮助。我不犯人，人不犯我，人若犯我，我不放任，拿出你的阳刚之气！……

我又找了那几位女生谈话：遇见老实男生的时候，不要仗势欺人，采取追赶围堵的方式，要选择其他合理方式，比如说，开诚布公地沟通、找老师反馈问题、写一张小纸头表达自己内心的不安……学会沟通，女孩要有女孩样。

我联系小R妈妈，反馈了这件事情。我问孩子妈妈：小R经常被女生追打，常常向好朋友倾诉，有没有与爸爸妈妈说过这种情况呢？妈妈告诉我，前一天晚上看到靓靓和玥玥的道歉书，问起孩子，才知道有这么一回事儿。我告诉妈妈：以后多与孩子聊天，让他遇见烦闷事儿，记得找家长和老师，同时友善提醒妈妈，以后不要让妹妹凶哥哥，如果凶惯了，见了妹妹害怕，那孩子在校面对强势女生，也不知如何处理。倘若哥哥做错了，爸爸妈妈要批评哥哥，请关起门，尽量不让妹妹知道。

那天以后，小R与我说，他回家正式警告妹妹，若以后再凶他，就对她不客气。爸爸妈妈也教育妹妹不能凶哥哥。现在他与妹妹相处和谐，班上女生也没人欺负他了，每天快快乐乐，心情舒畅。

班上的女生们的行为收敛了几许，围追男生的行为也鲜少发生。友善交往，弄清界限，确保下限，营造一股祥和欢乐的班级气氛，让进入青春前期的男女生学会正确地交往，这是一位智慧班主任要好好引导孩子的。

7 放件裤子，闭关修炼

夏令时期的午睡——上半年五一开始到学期结束、下半年学期开始到国庆节放假前，全学年共有三个月有午睡时间。这每天中午的一小时，最考验孩子们和班主任。若班上安分守己的孩子多，相对安宁些，可以舒服地在办公室里小憩一会儿。若班上个性化孩子多，精力充沛的孩子多，有一小群不想睡觉的毛猴子，那这一小时就是班主任操心的时刻——四平八稳躺床上都不想睡午觉的孩子，让他趴桌子也好，躺在两张小书桌临时拼接的硬板床上也罢，这一小时，确有点折磨。

都说会哭的孩子有奶吃。新冠疫情爆发之前，我允许孩子们可以带上小席子，铺在教室空地上，席地而躺。若五十六位孩子都带小席子，拥挤的教室满足不了，只能先带者优先。不想午睡孩子的家长，深受孩子不愿午睡的烦忧，动作神速，早早买好，让孩子带来小席子。

这一招，把困扰我很久的午睡问题给解决了，午睡时风平浪静，我惬意地在办公室午休，好不逍遥。

2020年新冠疫情爆发后，虽已复学，却处于防疫期，需要单人单桌，也不能带小席子来了。

一夜回到解放前，午睡问题，又成了一个难题。

人称小猴子转世投胎的小希（化名），尤其困扰我。但凡精瘦精瘦的孩子，一个显著的特点就是精力旺盛，让一位精力充沛的孩子趴桌一小时，无异于一种酷刑。

每天午睡，总有几个孩子被记名，了解情况嘛，无非就是谁与谁说话，谁与谁在玩闹，谁与谁……随着天气逐渐炎热，被记名的孩子如天气般火辣辣地燃起来了。我让管理能力强的铭佳和心近管理午睡，我随手扔了部手机给她们，等一下发现动静大的话，可以拍视频，我倒要瞧瞧，到底什么原因什么状况。

我戴上眼罩，在办公室安然躺下，心想，今天总归平安无事吧！

铃声刚过，铭佳急急忙忙跑来告诉我：许老师，小希在爬厕所。啊？爬厕所，怎么爬？我听了后惊讶得嘴巴里如同塞了一个大鸡蛋，眼睛瞪得圆圆的。四年级的孩子，马上要成为五年级大哥哥了，还做这么幼稚的事情。

铭佳打开了手机，给我看视频。我一看彻底惊呆了——小希从厕所间最高的地方爬上去，迅速爬向另一个厕所间。那灵巧敏捷的身手，不逊色于峨眉山上的金丝猴。我很难相信，小希的身手如此敏捷。

"你怎么想到去厕所看看呢？"我好奇地问铭佳。她告诉我：小希已连续三天，睡着睡着就说要上厕所。铭佳觉得不对，为什么总是想着要上厕所？这才一路追随，看到小希在爬厕所，赶紧拍下，留下证据。

此刻的小希，耷拉着脑袋，一副老实的样子。"小希，你为什么要爬厕所呢？"我质问他，他站在那里，说不出来话来。因为睡不着，时间难熬，想去厕所放松下心情，可以理解，可爬厕所是怎么一回事呢？

我反复地观看视频，联想到前段时间曾听说，男厕所大便池的隔离门的锁全都被锁住了，从外面根本打不开，那关门的人是怎么出来的呢？想到这儿，再细细地观看视频，恍然大悟，原来，他是在锁厕所门，再翻到另一边锁厕所门。好个小家伙呀，居然做这事。我与他说："你在锁门呀！你不让同学上厕所呀！"当我揭穿了他的行为时，他在那边不吭声。"为什么这么做？"我问他。他说："不为什么，就觉得好玩。"

"有这么玩的吗？"我看他窘迫不安，不停抓耳挠腮，又气又好笑。这是第几次锁门呢？他告诉我是第二次。我真的不相信这只是第二次，跨越厕所门是如此娴熟和老练，看身手应该是常客。

睡觉睡不着，上上厕所，放松放松也是可以的。鉴于这个孩子平时善良的品格，我倒不觉得这是孩子故意使坏，故意捣蛋。我也不想上升到道德层面，也不至于上升到道德层面，我更愿意解释为他的心智幼稚，纯粹觉得好玩。好奇心迫使他做这样的傻事。这孩子向来很喜欢爬高，曾在一年级时在操场闹过爬树事件。

我把视频发给了他妈妈，同时转发给他爸爸，告诉爸爸妈妈孩子没有好好午睡，在爬厕所，这是同学抓拍到的证据。然后，我打通了妈妈的电话，妈妈问我："他是为了干什么呢？为什么会做这样的事情呢？"

我告诉孩子妈妈："孩子因为不想午睡，几乎每天都要上厕所放松。要不这样吧，从明天开始，我有个限制：小希只能在午睡之前上厕所，中途不能上厕所。把孩子的一件裤子放在手提袋中，放办公室，若孩子真的拉在裤子里，方便我及时更换。最主要的是，想给孩子一种心理上的威慑，哪怕你拉在裤子里，我也不放你出去了，以此表达我的决心。"

妈妈一口允诺，还与我说："怎么这样一个孩子，这么大了还这么幼稚！"

我在教室里说了小希爬厕所的事情，也批评了他。当然，为了保护孩子的自尊，我没有把这段短视频发给孩子们看，也没有在班级群中展示给家长们看，怕全体孩子和家长议论。孩子犯错，改正了就好。

第二天，小希果然拿来了一条黑色裤子，我把它放在办公橱柜里。

一到午睡时间，我让他来办公室，坐在我儿子的作业桌旁，趴着午睡。办公室老师们时常会聊个天，他时而撑着脖子，悄悄听我们聊天。有几次，他向我提出想回教室睡。我微笑着摸摸他的头说："小伙子，在这个空调房里待待，不是很惬意吗？继续闭关修炼哦！"他无奈摇摇头，不吭声了。

这一条黑色裤子，一直安安静静放在橱柜里，没有派上用场。足足两周，他睡在办公室里，中途没有上过一次厕所。

后来，我与他口头约定：可以让你去教室午睡，但若有爬厕所的事情，将一直睡在办公室直到学期结束。他的头如鸡啄米似的不停地点着。

既然已经答应我，会安静午睡，不再爬厕所，我也顺水推舟，让孩子回教室睡了。苏霍姆林斯基说，要无限相信孩子。果然，一直到学期结束，孩子午睡时不再爬厕所了。

放件裤子在办公室，表面上切断了孩子用憋不住的理由上厕所，趁机玩玩的后路，实际表达的是班主任的坚定决心——别在我面前耍花招，老老实实闭目养神吧。在办公室闭关修炼，让孩子学会反思，承担了一定责任。处身于一个集体中，是不可以随心所欲，想干什么就干什么的。

8 呵护弱小，拉近情感

可爱的小 H 姑娘，用她妈妈的话说，在班上属于存在感比较弱的孩子，学习成绩弱，理解能力差，自理能力一般。

缘于她的种种努力、种种坚强，加上家庭成员齐心协力地帮扶，小 H 开始慢慢蜕变，让我的心头萦绕着欢欣和鼓舞。

小 H 时不时流露出对我的喜欢，她曾受到同学欺负，我为她打抱不平。由于低年级时她的种种落后和不良行为，某学习成绩优秀的同学小 T 看她不爽（个中原因这里不再展开），与她结梁子已久，我也曾介入，教导过，引导过，并告诉小 T 过去种种已如昨日远去，要用发展的目光看同学。

芥蒂已深，干戈又起。

某天，她和小 T 又闹起了不愉快。当她出手反击，小 T 找我投诉。根据来龙去脉，我觉得源头反而是成绩优异的小 T。我及时为小 H 撑腰说话。她妈妈告诉我，那天孩子回家后超级兴奋，原本自卑的她，听到老师帮她说话，能站在她的立场上，反而批评成绩好的孩子，她觉得很解气。我时时告诫自己，要做一位明师，公平公正辨事理的明师，不唯成绩，不唯贫富，只唯真理。公平公正，一视同仁，这是我为师以来一直努力追求的目标。

小 H 与我的心灵越靠越近了，学习分外努力。尽管她的朋友不多，但笑容一天天挂在她的眉梢上。

某日，期末语文模拟考试后，我捧着厚厚的卷子来到办公室，准备挑灯夜战。四年级语文卷，有作文，没有两个多小时，根本拿不下来。我睁着疲惫的眼睛耕耘着。猛地，我的眼前一亮，所有的疲倦一扫而光，静静读着，不禁心潮澎湃。

写给老师的一封信

亲爱的老师：

您好！

我们已经相识四年了，今天我就写一封信来说说我的心里话。

老师，其实我有许多心里话想对您说。

有一次，我不小心摔跤了，很疼，已经不行了，好像天要塌下来了一样，叫苦连天，突然有同学过来问：是谁把你弄坏了？我说我忘了，被人绊了一跤。同学把我送到了办公室，老师您马上来帮我了，找出了那个人，训了他一顿，然后我们走回了教室。

我在教室里觉得很委屈，找了一个没有人的地方哭了一通。我在心中想：我拼了！许老师对那人狠狠地批评了一顿，为我出了一口恶气。许老师对我这么好，像亲娘一样，不能辜负许老师对我的期望啊！于是我擦干了眼泪，笑了起来，开心了。

许老师，您是我最敬爱的老师，我真把您当成了后母。您在的时候，我特别自由，心中的乌云也不再出现，出现了白天，让我心中的太阳燃烧起来，让我温暖。

您的学生小 H

读着这一篇现场习作，我读到了孩子真挚的内心，也明白了为师的责任重大，尤其对这些存在感低、弱势的边缘孩子，老师的呵护和关心犹如寒夜里的一束光，照亮了孩子的心灵。我特别喜欢小 H 最后那一句："您在的时候，我特别自由，心中的乌云也不再出现，出现了白天，让我心中的太阳燃烧起来，让我温暖。"

网络上的段子手说，上辈子杀猪，这辈子教书。我只想说，何其有幸，这辈子教书，能接触到孩子如此纯真无瑕的心灵。正如苏霍姆林斯基所说的，孩子的心灵，犹如玫瑰花瓣上的一颗露珠，需要小心呵护。

我的内心久久温暖着，寻思着该给她点什么礼物。爱是一种相互的成全，师爱，是一种温暖的传递。

我给她送了一本特等奖作文集和培训主办方送我的超大笔记本，并在上面留了言：

亲爱的小 H：
　　谢谢你把我当成了第二个母亲，在我的眼中，你一直是个聪明可爱的孩子，愿你不断努力，超越自我！

许丹红
2020.1.17

　　习近平总书记提出，坚持立德树人，发展素质教育，让孩子们成长得更好，生活得更好。小 H 脸上灿烂的笑容生动地诠释了"每一位孩子都是班级的全部"的价值追求，而对于这样的价值取向的坚守，就是我作为一位班主任的最大职责所在。

9 微信点赞，激励人心

小 R 是一位非常漂亮可爱的孩子，小巧玲珑，看到她那圆圆的白里透红的笑脸，情不自禁想捏捏。

记得一年级时，孩子的语文听写总是错很多，多得有点惨不忍睹。写不出的字，用圈圈表示，她的听写本上布满了圈圈。背诵作业，疙疙瘩瘩背不下来。小 R 口算更慢，远远落后于班级其他同学。

班级群中，很难见她家长冒泡，有时候电话打过去，好久也不见家长接电话。

孩子几乎没有什么好朋友，后来她与我班上超级调皮捣蛋的小 F 成了好朋友。话说小 F 同学在一年级时候，可算年级"风云人物"——皮蛋大侠。有一次，他爬到了操场上一棵高高的树上不肯下来，任凭老师怎么喊也不肯下树。老师费了九牛二虎之力，刚让他下树，一转身，他又如一只小猴般刷刷刷爬到了校园中高大挺拔的枫杨树上。这个桥段宛如一支欢乐的校园小曲，时时逗得同事们哈哈大笑。

小 R 与小 F 是好朋友，体育课上，午餐之后，他们两个总在一起玩，一起聊天。有一天体育课上，小 R 追着小 F："小 F，我们结婚好不好？"小 F 吓得逃跑了。

我找来了小 R，问："你为什么追着小 F 说，要与他结婚呢？什么是结婚你知道吗？"可爱的小女孩站在那儿，头摇得如拨浪鼓。一年级孩子口中的结婚，就是做好朋友的意思。她觉得自己口算很慢，小 F 也口算很慢，只有在小 F 面前，她没有自卑感。与小 F 一起聊聊天，做朋友，她很开心。

物以类聚，人以群分，小小年纪，孩子内心充满了交友的渴望。小 F 满足了她的交友需要，宛如两个孤独的星球相遇了。

在我的鼓励之下，这位孩子日渐开朗。运动会上，她坚定地报了400米，虽然没有进入决赛荣获名次，但她全力投入，用力追赶，冲刺很猛，差一点点进决赛。我在班上大大表扬了她那种拼搏精神，一年级鸿鹄班运动会虽只得了17分，但发现这么一位敢于拼搏的选手，实在很惊喜。我时不时进行鼓励，孩子渐渐开朗了，朋友越来越多了。

某天，我约孩子爸爸妈妈一起来学校，了解一下孩子在家的具体情况。爸爸妈妈坐在我身边，我开诚布公与他们交流。我大大表扬了孩子，夸她越来越棒了，对待老师和同学有礼貌……但凡我能想到的优点，全都在爸爸妈妈前面列举了个遍。我丝毫不掩饰对孩子的喜爱之情。我委婉指点，要多给孩子找朋友，攻克她学习上的不足，帮助孩子改正易错词……

同办公室的老师惊呆了，原来把爸爸妈妈叫来，不是为了说孩子的不足，而是充分表达老师的喜欢之情，表达老师的赞扬。同事们纷纷夸我与家长的沟通艺术。

后来，她与同小区的睿睿成了好朋友，常常一起玩耍，一起逛街，一起游戏……小R的朋友一天比一天多了，我猛地发现，她不再与小F一起玩了。我抚摸着她水嫩嫩的小脸蛋，微笑着问："为什么不再与小F一起玩了呢？"她笑着对我说，自己现在朋友多起来了，可小F还是那么调皮，没有进步，不想与他做朋友了。他满足不了她的交友需要了，自然不在她的朋友圈了。

我越来越发现这是一位可爱的孩子，若抛开成绩的有色眼镜，她情商高，当有同学不开心时，会悄悄过去安慰。她与每一位同桌相处和谐。也不知道什么时候起，她喜欢看厚厚的《美国国家地理》，只要有空余时间，她都捧着这本厚厚的书专注看着。

看着孩子进步，爸爸妈妈似乎找到了信心，对孩子的学习越来越上心。在我的指导下，妈妈把孩子的易错词全都整理了出来。我要求孩子有空余时间时多看易错词，多巩固消化、强化，有针对性落实，对症下药，效果明显，听写从没全对过的她，渐渐地，只错了一个或两个，甚至全对。

我情不自禁表扬，她对学习越来越有信心了。

怎么表扬她，更能促进孩子和爸爸妈妈的内心走得更近？我陷入了沉思，这时，我想到了不妨在微信群中点赞。

我给孩子拍了一张照片，打开"美图秀秀"，在她的照片上进行文字的编辑。

为小 R 点赞

1. 社会情感能力强，很贴心，会鼓励帮助同学，与每一位同桌都相处得好。

2. 热爱科学，喜欢看《美国国家地理》，知识面丰富。

3. 从一年级开始，听写一直错很多，从没全对过，现在连续几次全对！在妈妈的帮助下，连刷牙都在看易错词！

点赞积极上进的孩子，阳光健康的孩子！

当这样的照片、这样的点赞出现在班级群中，爸爸妈妈们纷纷送上掌声和鲜花，孩子的爸爸妈妈在群中留言：谢谢许老师和家长朋友的鼓励！

日渐向上，日趋温暖。孩子在这样的带动和鼓励下，对学习充满了信心和希望，刚进校门时的无助、自卑已消失得不见踪影。暑假去海南，她为我带来了我最爱吃的芒果干，拿一片放在嘴中，犹如甘泉一般清甜无比。

10 做强优势,做大亮点

小全是一位聪明可爱的帅哥,身材匀称,个子高高,颜值高,较调皮,与一立是幼儿园同班同学,听说是老师头疼的四大金刚之一。

小全朗读课文时,充满感情,抑扬顿挫。最令我印象深刻的是,一年级时鸿鹄班开展了读写绘课程,即在校听完一本绘本,周末在家完成写绘作业,他的写绘作业真叫精美绝伦,从画画到配文,可以用完美来形容。画是那么干净精致,文字端正大方,充满灵气,常常令我情不自禁感叹。有的时候,我会问爸爸,怎么会做得这么好呢?爸爸总是客气地说,是家长在帮忙。

在鸿鹄班几大"皮蛋大侠"衬托下,小全有点皮,但不属于超皮那一类。他有这么一个特点:一旦与同学发生纠纷,喜欢朝同学吐口水,也不知道他从哪里学来的。记得我们小时候,上世纪八十年代,村上小伙伴间或同学之间闹了矛盾,就互吐口水表示唾弃。在国民素质普遍提高的今天,我已经好久没教到有这样陋习的孩子了。

我把他叫来,好好问他:"为什么要朝同学吐口水呢?"他告诉我,同学惹怒了他,他不敢还手,怕爸爸知道了会狠狠批评,无奈之下以口水反击。

我轻轻抚摸孩子的手,告诉他:"小全,你这个方法运用错了,朝别人吐口水,是没素质没教养的表现。口水里可有许多细菌,同学可不喜欢。"找他谈了几次,也反馈给了爸爸,吐口水的毛病渐渐改掉了。

他一直在中等位置上徘徊,无法有较大突破。重视教育的爸爸有点无奈,经常与我联系,却找不到突破瓶颈的办法。三年级时他入选校奥数队,一年后,被淘汰。孩子的作业,在家、在校两重天:但凡在家完成的作业,高质量,没有瑕疵,精美;在校作业与在家作业比,有差距,字迹潦草,错误率高。爸爸的权威性，使得孩子在家做作业时态度端正。脱离了爸爸的视线，孩子在校时，缺了一点自律，故在中等宝座上稳稳坐着。

某一天，音乐张老师告诉我，小全音色清亮，节奏明快，唱歌挺不错。听到张老师夸奖，我内心一阵激动。哇！原来这孩子音乐上有天赋。要么，在音乐上做点文章，给孩子增加点自信？

说行动就行动，我马上与小全爸爸联系，把张老师对孩子的夸赞，分享给爸爸听。与爸爸说，既然孩子这方面有天赋，我们努力一下，看看能不能在这方面做大做强，以这个特长带动孩子学习的发展。他爸爸说，会和孩子妈妈商量，并好好考虑一下这个特长应如何做大做强。

爸爸妈妈决定听从我的建议，从孩子特长入手。他们找了一位声乐老师，每周上一节声乐课。先天条件好，后天名师辅导，小全在唱歌上有了飞速发展。在班级唱歌比赛中，他连连获十佳歌手。

他通过层层选拔，和朱笈弟进了校合唱队。训练的时候，他认真、投入，鼻腔、口腔打开，唱出了属于自己的风采。

课堂上，我常常以"声乐小王子""唱歌高手"赞美他，自信、阳光渐渐浮现在了他的脸上。

"小全，你看，你唱歌这么好，合唱团去比赛的时候，你站在第一排。第一排是什么？C位呀！C位说明你唱得特别好！你的表现力非常强。在学习上，你如唱歌般投入，一定会熠熠生辉。你瞧，一开始你唱歌也不突出，笛子吹得一般，看，现在还不是音乐高手吗？"听我这么与他说，他的双眼开始放射出光芒。"你觉得你哪一门功课容易丢分？"我问他。

"科学，不知道为什么常常考不好。"他有点无奈，有点疑惑。

"科学，你认真背提纲，再适量选一些综合考卷进行突破。把错题理出来，试试。"我为他指点迷津。

小全在学习上渐渐找到感觉了，任课老师们也反馈他听讲越来越认真，作业越来越棒。在四年级第二学期的期末考中，他考出了总分400.5（满分410分）的好成绩。

揭晓成绩那一刻，我惊喜不已。

某晚，他和陈誉受我邀请，来到鸿鹄班班级微信群，以"只要努力，你我都是黑马"为题,给全体家长和孩子做微讲座,分享自己的成长历程,勉励其他孩子:只要努力,你我都是一匹腾飞的黑马,随时闪现。

他激动地说:我要改正其他错误,更加刻苦努力、一丝不苟地学习,争取每门功课都能取得好的成绩,当一名鸿鹄班的好学生,发扬我们的鸿鹄精神。

高尔基说,一个做主角的非有天才不可,可是天才在于自信,在于自己的力量。面对中等孩子,帮助孩子找到优势,鼓励孩子做强优势,做大亮点,唤醒他内心无穷的能量,扎实推进,让孩子找到自信。正如拿破仑所说的,自信就是成功的第一秘诀。

这是让中等生崛起的无穷能量,这是一位智慧班主任的带班艺术。

11 祖辈楷模，形成磁场

陈誉是一位聪明可爱的孩子，圆圆的脸蛋，圆圆的眼睛，酷酷的发型，宛如日本动画片中的西瓜太郎。

他妈妈是一位美丽的初中英语老师，爸爸是医生。他的外婆是一位刚刚退休的数学老师，时尚、洋气，喜欢朗诵，擅长跳舞，是一位多才多艺的时髦老太。一年级，誉外婆在学校隔壁的翰唐教育中心兼职，顺带管外孙的学习。孩子的学习、作业习惯一般，经常忘带学习用品。

二年级，外婆不再兼职，全心在家，全力负责起孩子的学习、钢琴。

坚持就是王道，在班级中，陈誉开始崭露头角的领域不是学习，而是钢琴。伏尔泰说，要在这个世界上获得成功，就必须坚持到底：至死都不能放手。一年级时，鸿鹄班学钢琴的孩子，多达16位，随着年级升高，钢琴难度增加，越来越多的孩子选择放弃。原本弹得非常棒的笑笑和展展因各种原因，也陆续放弃。

陈誉有外婆和妈妈的陪伴，靠着顽强的毅力坚持了下来，越弹越溜了，每周钢琴过关正确率高。妈妈自身学习能力强，外婆在职教书时，教数学的同时也教音乐。每周学琴时，妈妈和外婆共同陪同，两人各负责一首乐曲，陪伴孩子练琴。

每年暑假钢琴考级，他都能拿到只占考生10%的优秀证书。在鸿鹄班大型演出中，他常常坐在琴凳上，潇洒投入地高弹一曲，是鸿鹄班的钢琴小王子。狄更斯说，顽强的毅力可以征服世界上任何一座高峰。妥思妥耶夫斯基说，只要有坚强的意志力，就自然而然地会有能耐、机灵和知识。对钢琴的坚持，渐渐让孩子找到自信。

外婆一路用心的陪伴，着实令我感动。她不但会管孩子的数学，语文上也用心，经常引导外孙把好词好句运用到习作中。孩子的写作水平直线上升，习作经常被我当作例文朗读。

我多次在班级微信群中呼吁：带好一位孩子，需要全家三代人的共同努力。表扬誉外婆带孩子的用心和投入，不宠，不骄。希望更多的爷爷奶奶等长辈能严格要求孩子。誉外婆成了鸿鹄班的名长辈。

三年级伊始，陈誉以刚踩线的成绩，考进校奥数兴趣班。第二个学期，奥数兴趣班检测，少了五分，面临淘汰。我向奥数老师请求：外婆管得很用心，陪着孩子做奥数，再给孩子一次机会吧。我也与孩子妈妈说明情况，鼓励孩子继续努力。从四年级开始，外婆让孩子每天坚持做 2～3 道奥数题，日不间断。拿破仑说，达到重要目标有两个途径——努力和毅力。是努力和毅力，唤醒了孩子潜在的能力，尽管各科有考砸的时候，但孩子的学习能力提升了。我经常鼓励孩子，不断告诉他：你能行的！

外婆的钻研，令我惊叹。有天，她在微信上问我一道科学题目，说潘老师的答案与孟建平期末卷上的答案不同，让我问问潘老师（外婆没有科学老师的联系方式）。把孩子不懂的每道题目，都搞得明明白白，这是外婆对孩子的要求。长此以往的熏陶，让陈誉有了钻研精神，经常来问老师，多思考，多提问，改变了被动学习的习惯。晚上在家做作业的时候，如果碰到问题，陈誉会让妈妈发微信问老师，以弄懂每一道题。

陈誉的爷爷奶奶文化不高，爱看电视，为了给孩子创造学习的最佳环境，外婆下定决心，舍近求远，先让孩子到离校远的自己家做作业。每天放学后，外公先把孩子接到家吃饭，再弹琴、做作业。做好作业，外婆指导外孙复习当天的学习内容，比如背语文和科学的知识点。科学一直是陈誉的短板，为了突破难点，花了很多时间在背诵理解科学知识点上。比如有关电的知识，陈誉下苦功，反复背很多遍，并把实验材料里的小灯泡和线路拿来反复拼装，直到熟记为止。

完成了作业，再让孩子做课外题，帮助他拓展思维，开阔视野，掌握新的解题思路。

孩子越来越懂事，为了节约时间，白天在学校抓紧时间做些回家作业。韩愈说："业精于勤，荒于嬉；行成于思，毁于随。"只有勤奋努力，才能换来优秀成绩。

周末两天充分利用：周六上午弹琴，下午做作业，晚上适当放松和运动。周日上午，妈妈辅导作文，下午运动或弹琴。

有规律地生活，张弛有度地学习，日不间断地努力，星光不负赶路人，陈誉在四年级第二学期期末考了年级第一，数学、英语、科学满分，语文98.5分，黑马出现，一考成名。

班级年会上，邀请陈誉、妈妈和外婆三代，共同朗诵了一首诗歌，外婆的激情澎湃给我们留下了非常深刻的印象。

誉外婆的全心投入，给鸿鹄班的祖辈们树立了榜样，虽说未必具备她的辅导能力，但不再做孩子成长路上的绊脚石，不再盲目溺爱孙辈，连最溺爱孙子的旦晨爷爷奶奶也不再干预儿子儿媳对孙子的管教了。家庭形成了一股团结积极向上的场。

12 拿来主义，妈妈助阵

天乐是一位聪明可爱的帅哥，心地善良，脾气好，人缘佳。陈张瑞是他幼儿园同班同学，也是他的好朋友兼迷弟，曾经有同学来投诉：我们与陈张瑞说话他不听，他就只听朱天乐的话。哈哈！我当时与这位同学说，这就是朱天乐的魅力吧！

三年级第二个学期，推荐他和徐逸航两人参加了街道组织的演讲比赛，经过辅导，加上两位孩子自身的努力，他们从一众选手中脱颖而出，均取得了佳绩，逸航、天乐分别获得了二、三等奖。自此，天乐对朗诵充满了好感。

天乐在写作上流露出才气，应该是从四年级开始的吧！有一天，突然发现他生活作文本上的习作充满了灵气，笔法老到，文字富有张力，含蕴深刻，起、承、转、合，写作富有技巧，又独有味道，完全超越了一位四年级孩子的写作水平。我知道天乐素爱看书。三年级时，某天我发现他课桌子上放的是全古文的一本书。我诧异地问："天乐，这本书你能看懂吗？"他告诉我，妈妈让他看的，能看懂。当时，我甚为惊喜。同样的书，让我儿子看，他绝对看不下去，也不想看。

之前曾听天乐爸爸说起过，妈妈中文系毕业，写作水平高，他们拟加强孩子的语文水平，从语文上进行突围。

我从"快哉小课"上购买了《蒋军晶作文技巧22讲》。因为价格实惠，22节微课30元不到，许多家长也主动购买。在学校，我会利用中午等时间，用我的账号登录，让孩子观看，学习蒋老师精心研究的写作技巧。《动要连着动》《一波要三折》《写外貌不出现"有"》等，一课又一课，蒋老师用生动幽默的语言，配合图画和例文进行讲解，孩子们都非常爱看。看完后，我会让孩子们马上写作，进行巩固。

蒋军晶是全国著名特级教师，他在写作上研究颇深。我与他的研究领域不同。现在把他的写作指导上的精髓拿来，不失为一种好方法、一种捷径：孩子们既能得到我的习作指导，又能运用全国著名特级教师的习作技巧，提升他们的习作能力。

习作技巧的习得，需要反复揣摩，反复训练。天乐妈妈自己在家也看蒋老师的网课，有针对性地指导孩子。她为儿子准备了习作开头的N种方法，为孩子买来优秀作文书当作例文……用心的妈妈，结合自己所长，耐心陪伴孩子。

身为语文老师的我，对照天乐妈妈，深感惭愧，平素只是一味指责儿子不会写作文，却从来没有好好动动脑筋，想想办法，去提升偏理科的儿子的写作水平。

何其芳说，古往今来，凡是文章写得好的人大概都在修改上用过功夫。叶圣陶说，写完了一篇文章，看几遍，修改修改，然后算数，这是好习惯。习作贵在修改。我最钦佩天乐妈妈甚为重视孩子的习作修改的做法：一遍不行，推倒重来，写第二遍；两遍不行，继续推倒，写第三遍……据爸爸说，最多的那次修改了整整六遍。托尔斯泰说，作家最大的本领是善于删改，谁善于和有能力删改自己的东西，他就前程远大。

我特别欣赏天乐的耐心，一遍又一遍修改，哪位孩子能做到呢？正因为他具有了别的孩子所不具备的精雕细琢的钻研能力，他才在写作上脱颖而出，和另一位写作高手——张舒元，双双高飞领头，带领鸿鹄班的写作水平往前飞翔。

居家学习期间，周一到周五，按照嘉兴教育局的安排，有序布置作业，我每天会在上午十点前，把课堂作业本的参考答案发到班级群中，也欢迎家长朋友把孩子的作业发在桐乡教育APP里，我若能检查出错误便让孩子及时改正。

双休日，我会给学有余力的孩子们布置生活作文。刀不磨要生锈，习作唯有多写多练，才能保持鲜活的观察能力和书写能力。我让孩子们写好后，在微信上发给我。我会细细研读，若乱写不通过的话，将被要求重写。

读到天乐的《烟神爷爷》的习作，我惊呆了。如此传神、惟妙惟肖的描写，细腻地抓住了爷爷的动作、神态，幽默地描写了一位喜欢抽烟的爷爷，许多小学毕业的孩子，根本写不出哪！我拍案叫绝，立马把孩子的习作发在班级群中，大大称赞：天乐的习作，完全超越了四年级孩子的习作能力，已提前完美毕业，许多小学毕业生也难以达到他的写作水平，太棒了！

家长们纷纷送上鲜花和掌声。

作为班级习作的领头雁，他的习作经常被当作范文，习作水平更是水涨船高，进入了一个良性循环。出众的语文能力带动了孩子的自信，自信的光芒越来越闪烁。在四年级第一学期，他四门主课的学习相当突出，仅以零点几分的极微弱差距，与全科免试生擦肩而过，但一位自信、奋斗、阳光的少年，已在鸿鹄班的上空熠熠生辉。

第三辑

多味的立德树人

　　支持弱者，弘扬正义，让班级传递一种积极向上的正能量。同学有不足，一起帮助，而非唾弃。智慧的班主任，努力让每一位孩子找到属于他的班级存在感。

1 义工劳动，将功补过

吃过午餐，我走进教室，站在讲台边，准备让作业错误的孩子订正，这时，铭佳走了过来，对我说：金煜翔同学爬到教室后面的斜柜上去了。

啊？我一脸蒙圈：这学期新搬的教室，新建的教学楼，后面的储物柜做成了斜斜的有坡度的好看样式。还能从这斜斜的坡上爬上去呀？这是人？是神？还是猴？

我赶紧走到教室后面，查看了斜柜，谢天谢地，完好无损。我把金煜翔一把拉到身边，问他："你从这个地方爬上去的？"小金知道自己犯错误了，红着脸，闭着嘴，低着头，一副老老实实的窘态，估计心中十五只吊桶——七上八下在打水吧！

"你爬上去做什么呢？你知道有多大的风险吗？万一柜子倒下，砸到同学，或你摔伤，该怎么办？"我有点急火攻心，但语气语调努力装得平静。

"我的纸飞机飞在了上面，我去拿纸飞机！"他低着头说。确有同学告诉我，金煜翔在玩纸飞机。纸飞机塞满了他的抽屉，地上也有。

"纸飞机可以在教室里玩吗？"我问金煜翔。他摇摇头。

"纸飞机飞上去后，可以爬上去拿吗？"他又摇摇头。

"许老师，王诚斌也上去过！他还站在这个横柜中间。"

"许老师，冯旦晨也上去过！"

这时，同学如潮水般拥围上来，纷纷检举。天哪！为什么之前都没来告诉我呢！这几位调皮蛋莫非都有飞檐走壁之功？!

他们一个个主动站到了我身边，王诚斌已低着头，承认了自己的错误。冯旦晨还想狡辩："许老师，我没有爬到最上面，陈铭佳劝了我之后，我就没有爬上去过了。"这位孩子爱找理由，也不会从自己的角度承认错误。

第三辑 多味的立德树人　97

有同学过来告诉我，旦晨爬到斜柜最上面了。四年级的大哥哥了，在文明玩耍上还如此幼稚，啥时候能长大呢？真想痛快地把他们骂个狗血淋头。

"你们在爬的时候，想过这样做可不可以吗？你有心理挣扎吗？"我赶紧问。一个个纷纷摇头，说没有想过。

怎么办呢？告诉家长？写说明书？……

我要反其道而行，不向家长告状，要触动他们的内心。那就来个劳动义工吧！咦，我们的教室地面为淡淡的黄色，容易粘灰尘，把地面拖干净得费九牛二虎之力。这两周承包给他们，将功补过，不是正好吗？

"你们三位，听牢，我今天暂时不告诉你们爸爸妈妈，但做错了事情，肯定要受到班规制裁！除了每人扣文明玩耍五分外，从今天开始，每天两次教室拖地，要拖得一点黑渍都没有，在劳动中热爱班级！"

三位小家伙知道自己犯了错误，于是从厕所间找来了拖把，开始在教室里拖地。你看，一个个弓着身子，两只手按着拖把，使劲拖着地。地上脏乎乎的地方，经过他们三位帅哥的魔手用力拖，瞬间变得干净了。因为三位同学的辛勤劳动，教室顿时变得明亮起来。

我忍住没给他们家长打电话。当晚我在朋友圈（只对鸿鹄班家长开放）更新：这个斜柜可以爬上去吗？怎么到了四年级这三位男生还是这么幼稚呢！配了一张斜柜的照片，特意把斜坡给标注了出来。我知道，平时关注我朋友圈的家长肯定都看到了，没有一位点赞。想必，也都不敢点赞吧。

第二天，我在班级里问询。金煜翔告诉我，他妈妈看到了，当即询问他，并批评了他。另两位孩子说家长没有问。

哇！每天早上早读开始前，三位男生手拿拖把使劲拖地，午间活动时，又如辛勤的小蜜蜂般在拖地……

整整两周，他们三位一直在为班级的地面忙碌着。结束了，我让他们写一篇劳动报告，一篇反思书，写得有模有样，言辞诚恳。

奥斯特洛夫斯基说：劳动，这是一切钝感的最好的医生。在为班级的服务、劳动中，犯错的孩子学会了反思，学会了通过挥洒自己的汗珠来为班级做事，学会了检讨，学会了沉淀……的确，比直接写检讨、比向家长告状来得更有效。

2 做小助手，勤帮老师

翻手为云，覆手为雨。

面对我们班云集的可爱的皮大侠们，该如何调动他们的积极性？我开始动起了脑筋，毕竟指责与批评不是长久之计。

号称"张老板"的熠宸同学，一会儿逗狗，一会儿音乐课上做拉琴的夸张动作……所有这些看似滑稽可爱的"张牙舞爪"，都源于他觉得自己在班级不受欢迎。每一位孩子在这个群体中是否受欢迎，他还是能感受得到的。他做的一箩筐滑稽可爱的事情，是在寻找自己在班级的存在感，想吸引同学对他的注意。

旦晨不也这样吗？常常做出匪夷所思的事情，比如学古代的谢主隆恩，比如惊天动地的报告声，比如跳鸡舞……所有这些异于常人的行为，无非就是想引起同学对他的注意。

批阅课堂作业本，看到组长黄睿涵的字，弯弯扭扭，乱七八糟。这孩子的书写能力，从一年级开始就弱一些，反复提醒也不见效。怎么给他点深刻的记忆呢？我让他把课堂作业本上的字重写，同时，大组长暂停两周，整改反思。

那谁在这两周接替他的位置，做大组长呢？我眼光巡逻着，搜索着，猛地，看到了熠宸，他不是速度很快字迹清晰漂亮吗？要不，给他个表现机会！我当即宣布：第二组组长暂时由张熠宸担任，黄睿涵因书写不认真，停职两周察看！当听到我这么宣布时，熠宸那一双忽闪的大眼睛中顿时有一道火光闪过。他马上收起了本子，开始了组长的工作。熠宸，你可要好好表现自己哦！我叮嘱着。

每天早上，我来到教室，发现当上卫生小助手的旦晨已经在认真打扫卫生了，那么一丝不苟，那么认真负责。他默默为班级服务着，把自己对班级的热爱融于他的劳动。

孙一立和冯旦晨，当上了我的谈心小助手。在我批阅作业时，俩孩子主动帮我捶背或喊同学帮忙，小拳头如两个小鼓般在我肩膀上捶动。这小手如小鼓咚咚，充满了他们对老师的那份感恩之情。

我批着作业，与他们欢乐聊着。瞧，两位可爱男生眼睛中发射出明亮的光芒，他们感受到了我对他们的认可和信赖。

我让张书瑶和冯旦晨两位孩子当早读小助手。他们俩早早来了，像模像样管理早读，用心投入。上一周课堂纪律差劲的冯旦晨，整整一天没有被记名字，也没有被老师批评。看得出，他克制住了自己，战胜了自己。

吴天欣已整整写完了两本习作本，用自己的勤奋和努力，铸就金灿灿的成绩。我郑重宣布，因为她的努力，聘她为劳动委员，别上了两条杠。她的脚步轻盈得如一只美丽的蝴蝶，充满了快乐与自信。

一切都欣欣然的样子，一幅充满赏识和美好的和谐画面。每一位孩子，内心深处都有做好孩子的愿望，只需被激励、唤醒，就能朝着明亮那方前进。当上小助手的孩子们，一个个在班级中找到了属于自己的位置，为班级、为老师付出着自己的汗水。在为班级的付出中，他们找到了自己的存在感。

3　小抄课文，修炼勤功

焦头烂额的周一。

生活作文本和作文正稿本混淆，随意乱誊，状况百出。让誊抄错的孩子全部重新誊抄。李宇玲睿说：许老师，可以剪下来贴一下吗？我告诉她，不可以！

分不清楚，随意乱写，以为只要抄写了就行，不管生活作文本还是作文正稿本，拿起来就抄写。搞错了当然需要重新抄写，这就是代价！

最滑稽的是旦晨，把作文草稿誊抄到正稿本上时，少抄写了150个字左右。遥想周五，批阅草稿，别的孩子都是洋洋洒洒一大页，看他字数不是很多的样子，我让他数数草稿本上有多少字。他一个字一个字地数着，告诉我共有301个字。我微笑着对他说："你加加油，再补充50个字，誊抄上去就可以了。"他微笑着答应。

等我批到他的大作文时，哎呀，咋这么少呢？一页多了没几行字，与整个班的习作水平相差甚远。

双休签名是爸爸签的，我拍了一下孩子的习作本，发到旦晨爸爸那里，并且拍了整个组的习作本视频，一页一页拍，一本一本拍，视频中展示了组里孩子们的整体习作实力。我用语音告诉孩子爸爸：旦晨爸爸，孩子的大作文字数怎么这么少？与其他同学的质量有点差距，你看看组内其他同学的习作。

我又发给了旦晨妈妈。妈妈当即回应：爸爸管的作业，当时爸爸还与我说，习作已经把过关，写得很不错。上周五让孩子们誊抄作文正稿，个别孩子来不及，于是告诉家长回家继续誊抄。双休日，我又布置了一篇生活作文，爸爸所说的没啥问题的习作，应该是这篇生活作文。

我正在上课，手机上显示旦晨爸爸来电，无暇接听。中午，在餐厅刚刚吃好中餐，再一次接到爸爸电话。爸爸在电话中吐苦水：双休管孩子作业很累，不认真，辅导他的生活作文，真心有点累，依赖思想严重。作文正稿原本是学校作业，旦晨在校来不及做，回家去抄，抄写时已是周日晚上，爸爸看看时间已晚，顾不上了。

爸爸说：凶也凶了，鼓励也鼓励了，不知为什么，效果仍然很差。该怎么办？我告诉爸爸，以后在孩子身上多花点时间和精力，关键要树立爸爸的威信，对调皮孩子，爸爸吼不住，容易失控。

爸爸说：孩子学才艺没长性，一开始对打篮球很感兴趣，现在不想去学了，学英语也一样。

我告诉爸爸：不要轻易放弃，不然，孩子长大后，做什么事情都没长性。

挂断了电话，有点纳闷：都说一个"问题孩子"背后，有着一个问题家庭。但旦晨家庭，父母爷爷奶奶都是那种有才的正气人。虽说爷爷奶奶宠点，但现在的孩子，哪一个爷爷奶奶不宠呢？孩子自身的问题不容小觑。

我找来可爱的一立同学，让他清点旦晨的字数。一立告诉说，总共160个字。我瞪着旦晨：你另外的字都到哪里去了呢？他低着头腼腆告诉我：我嫌麻烦，少抄了。

优秀孩子的特质是相同的，努力＋刻苦。成绩不好的孩子，各有各的问题。抄都要少抄点，懒成这样，成精了！

阳光大课间，我让他在办公室里补抄，把故意不抄的字，全部补好。

下午第一节体育课，我让他继续在办公室修炼勤功！那就是抄写课文《爬天都峰》。

他坐在办公室的小桌子旁，一笔一画认真抄写。抄完了，我问他：感觉如何？修炼功夫如何？他说：很不好受！那以后还偷懒吗？他嘴上答应着不敢了。

我把他的情况，说给他的妈妈听，还把他抄写的课文也发给妈妈看。

妈妈说：幸亏许老师还对我们家的孩子严格要求！

种瓜得瓜，种豆得豆。懒，需要付出代价。原则上，我不建议用抄课文代替惩罚，但面对作业缺斤少两的孩子，让他主动承担责任，补好，再小抄一篇不是很长的课文，以此作为偷懒的代价，未尝不可！

4 传正能量，支持弱者

又到了一年一度冬季长跑时间，前一天下发了家长签名单，征得家长同意后，孩子才能跑步。

我在班级微信群发了回执，提醒家长朋友，一张不能少。潜台词：若忘记请您送来！相信已带了四年的家长朋友能领悟精神。

早上，几位组长收齐，一张也没少，幸福地交到了晓萍老师那里，但其他班级都没有收齐。同事们纷纷嗟叹：这就是差距呀！差距在于我的准备工作充分。

王珺爸爸在微信群里说：许老师，我们好像没有签名，但我们要跑步的。我赶紧去翻交上来的签名纸，一找，看到了王珺的签名纸上写着妈妈的名字，但却是赝品，可以以假乱真。我把那签名纸发给妈妈，妈妈回复：许老师，我没有签，她大概怕你批评，所以签了，我会教育的。

我转身去教室了解实情，王珺供认不讳。我告诉孩子，这个行为不对。她点头忸怩说，知道了。

我在微信群里告诉爸爸，需要家长朋友亲笔签名，打印一下，第二天上交。

奖励沈佳烨一周领操，她可开心了，声音响亮，神清气爽。只见她举着班牌，沿着400米的标准操场小跑一圈，我问她累不累，她告诉我说，不累！许多时候的累，主要是心累，心欢喜时，做啥都不觉得疲倦。

一圈运动后，我们上楼考英语。据说英语卷超级难，难度明显增加。

考好英语，休息五分钟，开始考语文。连环考试，孩子们不容易。复习阶段，连轴转，我们努力着。

午餐吃鸭肉，我不太喜欢吃，打包给儿子。作为教师妈妈，第一次在学校特意把该自己吃的留给孩子吃。他打开袋子,一看到是鸭肉,脸上如盛开的山茶花。我让他拿几块跟同组小伙伴分享。看看同事们,经常给自己孩子留好吃的,我真的不算是一位好妈妈。

午间卫生时间,我正在黑板上抄回家作业,听见同学告诉我,张涵在走廊上哭,心理委员郭以轩在劝。原来,张涵无意之中碰触到了小黄的身子,张涵自己没意识到,小黄同学却不肯吃亏,抡起拳头打了她。

我对小黄说:"女孩子是用来疼的,不是用来打的。同时警告全班同学,张涵身上有许多闪光点,她摔伤手臂,用左手写字,一个月不来读书,语数英还考了97分以上。乖的地方数不胜数哦!"我用手指着全班同学,警告说:"你们看不起张涵,就是看不起我哦!我惟你们是问!"张涵一听我这么说,眯起了眼睛,脸上露出了快乐笑容。

我对张涵说:"你对小黄的回击,许老师支持,以后,要想办法让自己强大起来,这样才会没人欺负你哦!"孩子泪中带笑。

张涵,一位活泼可爱的女孩,也有些不足之处,同学最嫌弃她的就是卫生习惯差,地上、抽屉里满是垃圾。金无足赤,人无完人,不管如何,为师也一样疼爱哦!每天中午,她不记得抄写回家作业。叮嘱、找监督员,该想的办法都想了,这孩子宛如磐石,暂时开不了花。

我让小邱负责她的回家作业的抄写,小邱常常来汇报,说快下午第三节课了,她家校联系本上还只字没有。在学习上存在感不强的小邱,把查询张涵的回家作业当作一件要事、大事来抓,常常来办公室向我汇报。

我特意与小邱说:"让你帮助张涵,不是让你汇报张涵不抄回家作业,而是需要你去提醒,去帮助,去与她做朋友,让她能及时抄写回家作业!"小邱恍然大悟。

中午,让朱笈弟、朱容川在教室里管理,我在办公室里批考卷,一切正常。

支持弱者,弘扬正义,让班级传递着一种积极向上的正能量,同学若有不足之处,群策群力,派专人提醒,而不是唾弃,让每一位孩子找到属于自己的班级存在感。

5 高级雅座，VIP 定制

如何保持课堂上精神的专注，改善孩子们上课的纪律，一直是我的努力方向。

每节课落实课代表课堂纪律记录制，除了每节课后的反馈、回顾、扣分、为班级做义工等相应措施予以约束，有没有更震撼刺激的方法触动孩子的心灵呢？

周一，我拿了一堆课堂表现记录表，每报到一位孩子的名字，让他站立，同桌两人互记有几次记名。一位位可爱的孩子，全都屏住呼吸，高度紧张。把这样的一周一回顾，落实到位。

熠宸本周摘取"桂冠"，王诚斌、孙一立、钱予泽紧跟而上。我让张熠宸、王诚斌顶替前三天在讲台边落座的冯旦晨和徐宇梵，看在这一周课堂表现稍好的份上，让他们分别到后面的座位落座，告诉他们要好好表现，不然就来坐超级 C 座。

钱之微、钱予泽、杨陈蓉、孙一立、张涵、邱金依柠六位孩子，因课堂废话多，记名多，入座在第一排，我把小桌子一张一张拉开，一字儿排开，单独就座，不给这些"鹦鹉小嘴"说话的余地。

走神的、发呆的、说废话的、做小动作的……其他课堂表现差劲儿的孩子全在最前面的地盘了。

学生纳闷，云里雾里，不知我葫芦里卖什么药。我告诉他们：这可是 VIP 高级雅座，别人想坐还排不上队。我特意把"VIP"写在黑板上，告诉他们，这是会员的意思。听我这么一说，一个个笑得不行了，一串串银铃般的笑声在教室里回荡……

我看到钱予泽悄悄地把座位挪近些，我赶紧把他拉开。咦，这么高级的 VIP 宝座，咋能拉这么近呢！我满脸春风地对他说，又一阵哈哈大笑。

徐宇梵和冯旦晨坐在后面，安分守己了些。

自从不积极发言的孩子，要为班级做义工开始，几位内秀的女孩子，举手明显积极了许多，生怕再次被喊到做义工。

谁课堂表现特别"好"，谁就来坐 VIP 高级雅座，离许老师身近一尺！我朝他们戏谑。

分布在讲台两边的王诚斌和张熠宸，科学课上互使眼色，互通暗号，被记名。"相看两不厌，只有个讲台"，你们两位，在许老师身边感觉如何？还想继续吗？他们两位的头摇得如拨浪鼓。

日子，在兴奋与快乐中，悄然而逝。

哇！沈佳烨最近真乖，奖励她带操训练一周。

哇！夏雨萱和沈佳烨，是我们班的两位路长，维护路队的纪律。

哇！全思丞表现真好，明天奖励带一天操。

……

变着法子，关注每一位孩子的学习状态，让他们在开心和受束中，一点点养成良好的听课习惯。每天至少鼓励一位孩子，让孩子们身心明亮。为教育发一点微光吧，即使弱小，即使水花不大……

6 送上礼物，表达喜欢

为了安慰小金那颗与全科免试生擦肩而过的脆弱小心脏，我找出了当初去北京大学培训时的笔记本，写上如下文字：

亲爱的煜翔：

希望你战胜自己的情绪，做情绪的主人。在我的眼中，你一直是一位聪明优秀的孩子。

向着美好的未来进发！

许丹红

午休之后，我把小金请到了我的办公室，先问问他的生活近况，与妈妈的亲子关系如何。他告诉我，妈妈易怒，当爸爸妈妈混合双打的时候，有点想出走的感觉。我告诉他："打在儿身上，痛在娘心中，哪一位爸爸妈妈愿意打自己的孩子呢？你要理解你妈妈的心哦，她希望你好好读书呀！"孩子在一旁点了点头。

"小金，这是许老师去北京大学学习时，主办方给我的笔记本，我准备把它送给你，我很看好你的，希望你将来去那儿读大学。"我拿出笔记本，送给他。他有点意外，嘴角上扬微微笑着。"许老师可是很关心你的哦！我相信你的实力，是不是免试生都不影响你的实力！期待你期末考出优异的成绩！"小金点点头说："许老师，我会努力的！"

咱们可爱的梵梵同学，本学期各方面懂事了许多，做作业的速度也快了许多，为了鼓励他，我给他送上了我去"千课万人"讲座时主办方送我的笔记本：

亲爱的宇梵同学：

在我的心中你一直是一位非常可爱、聪明的孩子。

希望你通过努力，更上一层楼！

宝藏男孩，未来可期！

许丹红

我告诉他："这可是许老师外出学习时，主办方送我的笔记本哦，限量版的，要好好珍惜哦！"孩子拿着本子喜滋滋地走了。

话说BB帅哥，小鲜肉，长得细皮嫩肉，皮肤白里透红，不擅表达，有轻微的攻击性行为，喜欢动手不动嘴，一言不合，抡起他的小拳头就打了过去。这不，有一天，午餐是孩子们最喜欢吃的劲爆鸡米花，分饭菜的孩子很难用勺子分匀。BB喜欢吃，看着盘子里的不够多，就擅自去盛。梵梵提醒他说："你盘子里已经有这么多了，七八块了，别的同学才三四块，你还盛呀！"

他的话还没说完，BB伸出拳头，一拳劈过去。不偏不倚，梵梵的眼睛被打到了，眼睁不开了，说痛。哎呀呀！

眼睛是多么敏感的器官呀，万一受伤那可怎么办呀！我赶紧打梵梵家长电话，汇报情况，让家长来学校一趟，带着他去医院检查以便放心。

又马上通知BB家长，反馈了这件事情。BB爸爸第一时间赶到学校，准备与梵梵家长一起去医院。

这时BB低着头，一声不吭，一副紧张不安的样子。

慢慢地，梵梵的眼睛能睁开了。我也长舒了一口气，应该问题不大。梵梵爸爸妈妈都来了，我把孩子送到门口，说明了一下情况，BB爸爸表示了歉意。梵梵的爸爸妈妈很体谅，说只要没事，问题不大。

所幸，去医院检查，眼睛没关系。我内心一块大石头落了地，万一有事，后果不堪设想。

我问BB，君子动口不动手，为什么要打呢？眼泪顺着他的脸颊哗哗地往下流。我告诉他，克制住自己的脾气哦！

那天下午，我没有晚托，提前下班，接到潘老师电话，告诉我，BB不知怎么一下打到了灏灏的胳膊，灏灏哭了很久。

原来 BB 没有及时抄回家作业，就借灏灏的作业本想抄，灏灏不让他抄（这是我规定的），BB 一定要去拿，灏灏拿着练握力的圈去按住本子，不小心碰到了 BB 的手，估计有点疼，他二话不说，又抡起了拳头打灏灏的胳膊。练过跆拳道的 BB 手力大，疼得灏灏哭了一个晚托。

晕呀！中午刚发生了伤同学眼睛的事情，晚上居然又发生了打同学的事情，赶紧与双方父母联系沟通。BB 妈妈说，明天买水果道歉。

小孩没做好，爸爸妈妈最烦了，BB 妈妈联系了两位家长，买了牛奶、水果送给他们，赔礼道歉。

第二天，我把 BB 叫到办公室，告诉他，有事情好好沟通，不要用拳头解决问题，要用脑子解决，举起拳头时，要好好想想。

我把他一天中连续打同学的事件记录在白纸上，张贴在我办公室里的橱柜上，告诉他，我每天都会有记录，会把他所有打同学的事情全都记录在上面。

这一招给了孩子警示作用，真的很久没有同学告状被 BB 打的事情了。

为了表示鼓励，我也给他送了一个笔记本：

BB 帅哥：

在我的心中，你一直是位优秀聪明的孩子，希望你不断战胜自己，学会控制住自己的情绪，学会克制自己，与同学友好相处。那样的你，一定更帅，更讨人喜欢！

许丹红

同时，还送了他一本书《气场大的孩子有大出息》，扉页上写上这么一句："愿 BB 帅哥做一位气场大、有出息的孩子！"

壁橱上那一张记录 BB 打同学事件的纸静静地张贴在那儿，整整两个多月，没有新的记录，一直快到学期快结束时，BB 才闹出了另一件事情（详见《适当强势，学会敬畏》）。

爱、温暖和阳光，让花朵娇艳地开放。教育是一朵云对一朵云的推动，是一颗心对一颗心的唤醒。把外出讲座时主办方赠送的特制笔记本转赠给孩子们,附上我对他们的赞美和期待,熨帖了孩子的心灵。

赠人玫瑰,手有余香。看着孩子们的一张张笑脸,觉得自己很有价值!

7 一视同仁，伸张正义

小 H 在鸿鹄班，属于存在感不高的孩子，学习努力，但成绩总不能达到预期。最主要的，卫生习惯不好，随意乱丢垃圾，抽屉总是很脏，而且心智发展稍慢，说话、处事明显比同年龄段孩子幼稚。她不善于交往，只有沈嘉懿和一立两个朋友，甚至为了与一立争沈嘉懿，两个人还闹过矛盾。曾有过两次，我出差在外，她玩疯了，把嘉懿的脸抓花了，使得嘉懿妈妈耿耿于怀，强烈要求女儿不能再与她一起玩。

我理解孩子心智的不成熟，理解孩子学习上努力却暂时还得不到该有的回报的心情，我向天欣、诗媛、峻瑶等乖巧女孩交代，有空玩的时候，记得带带小 H 和嘉懿，不要让这两女生成为两个远离集体的星球，我们要敞开怀抱，迎接她们。

三年级时，她在体育课上爬高摔伤了手臂，我和体育老师当晚上去她家看望她。这时才知道，原来她被班上一成绩颇好的强势女生欺负，她不敢反击，不敢告诉老师。我明确告诉她，以后若再被欺负，一定要来告诉我。后来，我介入这件事，原来那个女生在一年级时，发现自己不见的文具在小 H 的文具盒里找到，小 H 否认是"偷"来的。小 H "偷"过她文具的"黑历史"，已深植其心。从那时开始，她一看到小 H 就火星直冒，只想揍。我进行了心理疏导，并教育她，不能有这个想法，何况这还是一年级时发生的事情，过去的已经过去了，小的时候谁没有犯过错误呢？那个女孩答应以后不会再发生欺负同学的事情。

说说容易，做起来难，要克服自己的心理认识偏颇，不是一件容易的事。突然有一天，那个女孩哭着来告诉我，说小 H 打她。啊？小 H，以前不是你欺负她吗？今天你怎么成了受害者了呢？

我找来小H问询，原来，那个女孩总过不了自己心里那道坎。某天，她觉得小H做作业在偷看同桌的，于是义愤填膺，打了小H一拳，不偏不倚，正好打在小H受伤的动过手术的手臂上。小H急了，伸出她那学跆拳道的手，就朝女孩左右开弓两下。女孩委屈了，痛了，哭了。

"许老师，我以前都是被她欺负，我不敢反击。今天她打我在受伤的手臂上，我忍无可忍了，就还手了！"小H皱着眉头告诉我说。

"哎呀！她若真的去偷看她同桌的答案，该急的是她同桌，而不是你，你去打她受伤的手臂，有点不应该！"我对女孩说。

"你回击得好！是要学会正当防卫，不能老是被人欺负！许老师支持你！"我转身对弱势的小H说。

从小我就看不惯那些仗着自己成绩好便欺负别人的孩子，我站在了弱势一方。事后小H妈妈与我说，那天回到家后，孩子超级开心，觉得老师帮了她，为她撑了腰！她在家中欢乐地跳起了舞，很嘚瑟。

又有一次，她在走廊上搞卫生，一向多事的小T也在走廊上，说小H的胳膊肘碰到了他的身体，很痛，就打了小H的肚子一拳。我了解了情况，知道小H属于无意识碰到，她自己没感觉。

我责令小T向她道歉。男生欺负女生，欺负各方面相对弱的女生，毫无半点道理，而且还是两道杠的班干部。我正义感爆棚，为小H撑腰。

公平公正，是一位班主任最该具备的品质。面对各方面弱势的小H，我没有丝毫看不起，总是公平公正地处理事情，该道歉的道歉，该批评的批评，小H觉得，我像她的第二个母亲。

休业式上，我送了孩子一个本子：

亲爱的小H：
　　谢谢你把我当成了第二个母亲，在我的眼中，你一直是个聪明可爱的孩子，愿你不断努力，超越自我！

许丹红
2020.1.17

关注弱势群体，关注他们的生存状态，谨防校园微暴力、冷暴力在班级出现，尽自己的微光，去帮助每一位孩子，让他们在班级里找到一种归属感，感受到集体的温暖。处身于集体中，每一位孩子都应有自己的归属感和安全感。

8 用同理心，握手言和

睿睿、小C是一对欢喜冤家。俩人不知打什么时候起，结下了梁子。据睿睿说，某一次活动中，她无意碰了小C一下。这下，如捅了一个马蜂窝，天天受到干扰，要么语言上微暴力，骂几句或说几句，要么行动上微暴力，拍一下或弄一下。我在想，面对拧皮的孩子，当时睿睿若能及时道个歉，是不是后面的风波就没有了呢？随口把对不起、不好意思挂嘴上，这是一种素质，也是一种气度。

这事困扰睿睿许久，她向我反馈过。我了解情况后，与小C谈过一次话。他一开始否认，后来在证人面前无法抵赖，答应道歉，也向睿睿道了歉。但只好转了几天，后死灰复燃，睿睿依然经常受干扰。一家人为这事困扰，觉得老是麻烦老师也不好意思。

睿睿妈妈想了一个办法：让睿睿每天记录什么时候小C如何没有善意，把一举一动记录清楚，以免在老师面前小C不承认。

类似事件小C确有前科，欣怡以前曾告诉我说小C追来追去骂她，逮住她就开骂，躲也躲不开。只因她与靓靓是好朋友，小C与靓靓做同桌时，闹了不愉快，本性老实的欣怡成了"替罪羊"。

我看到睿睿递来一张纸头，纸头上记录着小C对她的一条条冷暴力。比如今天骂一两句，明天撞一下……每一条记录得清清楚楚。孩子之间的相处，说小事都是小事，说重要事就都是重要事。四年级孩子，正是世界观、人生观、价值观养成的阶段，这时需要老师、家长去帮着把这棵小苗扶正，日后方能成为参天大树。

我找来小C，与他细细聊，给他看睿睿的记录，也找了妈妈细细沟通，让妈妈与孩子沟通，督促小C道了歉。

本以为这件事情已过去，睿睿与小C之间可以风平浪静。可是，突然有一天，收到睿睿妈妈的微信：

许老师，小C好像和睿睿冲突比较多，不知具体为什么。需要我们家长从中做工作吗？睿睿因为这件事情也很苦恼，所以想麻烦老师想想办法。

我知道，睿睿妈妈发这样的求助信息，是因为困扰已经比较大了。一般情况下，谁都不愿麻烦老师。

一只碗不响，两只碗叮当，两个人发生矛盾，都有责任，但从这事来看，困扰方较大的是睿睿，受伤害更多的是睿睿。当然，睿睿也是一个自我保护意识、主观性较强的个性女孩。

我马上打了电话，与小C妈妈进行沟通。向来通情达理的小C妈妈的反应有点出乎我意料。小C妈妈告诉我说：睿睿妈妈在其他家长那里侧面打听小C的情况，比如对同桌有没有类似状况。小C妈妈还问我睿睿这位孩子怎么样，是不是有点强势，说她儿子与其他女孩好像没什么问题，为什么只跟睿睿有问题？……

听到这些话，握住手机的我一愣。小C之前与女生相处，问题事件颇多：曾追来追去打MJ，追来追去骂XY，与CC也有过节，还骂同桌靓靓笨……不可否认，小C一直处在进步之中，之前那些事件估计小C妈妈差不多忘了。

我与小C妈妈诚恳地交流："相信睿睿妈妈打听只是想确定一下是不是自家孩子的问题。她妈妈一向能看到自己孩子的不足。但凡遇见事件，总是先找自家孩子的问题，从一年级开始她妈妈就这样，并不是一个强势不讲理的妈妈。"我在小C妈妈面前说了一些睿睿的好话，聪明、智慧、思维好、反应快，是女生中数一数二的高手。何老师更是夸睿睿的思维可与班上几位顶尖男生媲美。

我诚恳给小C妈妈建议："与小C好好谈谈，多一位朋友多一条路，朋友多多益善，这事既然对睿睿造成困扰了，希望小C退一步海阔天空。"

小C妈妈说："儿子问我，为什么别人都去告诉老师，我却遇事不告诉老师呢？儿子还说，张瑞、高辰可以证明睿睿骂过他的。"

我明确告诉小C妈妈："你儿子也来告状的。他若不来告状，主要原因是，我处理事情，会追根溯源。若源头在他那，他怕我批评他，他才不来告状。"妈妈恍然大悟，告诉我会与孩子好好沟通。

第二天，我把睿睿、小C找来，了解事情缘由。也把张瑞和高辰找来，细细盘问。俩孩子的确看到睿睿白眼睛，骂小C。但追根溯源，是因小C故意撞过去，迫使睿睿骂的人。

俩孩子内心总有一个不和谐的结，小C经常要去骂骂睿睿，睿睿一看见他，就做丰富的表情包，白眼睛，鄙视他。上奥数班时，一个去撞，一个白眼睛，互相不顺眼，相看两讨厌。

"哎呀！睿睿和小C，你们看，你们两位都很聪明，学习成绩又好，又都是两道杠，发言都积极，思维又好，都是校奥数班成员，完全可以做朋友！搞得这么水火不相容有啥意思呢？"我边看着他们俩边笑。

"你们两位应该比谁成绩更好，谁奥数更好，谁发言更积极，在学习上你追我赶，成为鸿鹄班两只顶呱呱的小鸿鹄。"听到我这么夸，两孩子不约而同地笑。

"来！男子汉，有风度一点，先表示一下歉意！"我对小C说。

"对不起！我错了！我以后保证不这样了！"小C赶紧鞠躬道歉。

"对不起！我不应该朝你白眼的！"不等我说，睿睿也主动鞠躬道歉。

利用同理心，顺势夸孩子，两位孩子握手言欢，发出会心微笑，喜滋滋出去了。

后来，我向双方妈妈打探一下，都说这事已经化干戈为玉帛了。阅读节上以书易书时，睿睿需要的书，小C还主动拿去给她……

9 当众唱票，逼迫改变

二年级下学期第一次实行班干部选举，孩子们第一次参与班干部选举，一个个兴致勃勃，充满美好憧憬，满怀希望上台参与竞选。

他们第一次知道了什么叫投票、唱票，也从唱票中感受到了自己在同学中的受欢迎程度。这火辣辣的场面，让孩子们有了人生的历练和考验。

少部分口碑较差的孩子，平时得理不饶人，嘴巴喜欢去数说别人；不太友善的孩子，只逞一时之快，不知祸从口出、病从口入的道理，亲历了"剃光头"的心痛；有的孩子经历了竞选班干部一次次上台，一次次被刷下的痛苦，经历了评选风雅少年票数少的尴尬……被"鲜血淋淋"刷下的感觉，毕竟不是那么好受。

每次投票、唱票之后，我总不忘语重心长地与孩子们说："孩子们，多一位朋友多一条路，平时管住自己的嘴，多说好话，多做好事！"孩子们一个个若有所思的样子。

记得第一回竞选班干部时，小 G 同学出乎意料地得票少，没有当选。她妈妈焦灼地打电话问我原因："怎么会票数这么少？"我和妈妈一起分析：因为孩子与同学相处，相对强势，喜欢指手画脚，与同桌处理不好关系。交际圈子较小，只会与几位女孩一起玩，很少与男生一起玩。

三年级时，她与性情温和的小高做同桌，却相处不够和谐，坐在外面的她，不让小高上厕所。小高迫于无奈，哭哭啼啼告诉了我。我批评了她，也反馈给了家长。妈妈当即与我说，关于这个事情，一定会好好引导孩子，不会再让这样的事情发生。后来，给她换了一个位置，与小高换开了。既然相处不好，那就换一位吧！

上个学期，小 G 又与同桌发生了点小纠纷，在家总说同桌的问题。妈妈与她说:"你与小高做同桌时没处理好,现在又与新同桌闹矛盾,我不会与许老师说给你调座位,你只能自己想办法处理好。"爸爸妈妈给了孩子一个正向引导。

爸爸妈妈很重视对孩子的教育与引导,价值观引导到位。不知不觉,我发现孩子改变了许多。平时的学习生活中,她学会了与人为善。小G与同学交往中明显放低了姿态,耐心帮助学习较落后的依依,教她时一遍又一遍,耐心极了。同学都去外面玩耍了,可她仍站在依依的边上,耐心辅导。与同学的交往,不再犀利和强势,朋友也多了起来。

难能可贵的是,上午第二节下课的吃水果时间,她和斐斐两人,常捧着水果盒子来到办公室,给我们老师送水果吃。只要我在教室,她一定会上来送给我吃。只是一个小小的举动,就让老师觉得分外温暖。

小G的学业一天更比一天好,宛如星星一般,在班级熠熠生辉。在风雅少年投票中,她荣获了43票,这是同学对她的认可和肯定。

容川是一位学习勤奋努力的孩子,可竞选了一次又一次,好不容易才竞选上一个岗位。自此以后,但凡同学需要帮忙的事情,他抢先去做,同学生病了要回家,他会冲在前面帮他背书包,同学脚受伤了,他如奔驰的箭般飞速冲上去,扶着去上厕所……某天,小C嘲笑他说:"你做好事这么积极,不就想着评个风雅少年吗?"小C的话引起了好多同学的愤慨。

曾经投票剃光头的小张同学,经历了沉痛教训后,不再如原先般动不动就去说同学、骂同学,也学着慢慢改变自己,努力控制自己,多做好事,多说好话。上一次竞选班干部,他获得了10票。虽说这10票不多,但我仍大大表扬了他:有10位同学认可他,说明小张进步多多哦!

公开唱票宛如一面明亮的镜子,照出了孩子们在班级中的受欢迎程度,利用投票的机会,帮助孩子们努力改变自己,提升自我。尤其是我们的管理员小干部,如何树立自己的威信,如何去帮助同学,如何去提高自己管理时的艺术水平,如何身先士卒,都是一种考验。

班上好人好事蔚然成风,劳动抢着干、争着做,同学之间互相帮忙,更加友善,更加和谐。班风正气,学风浓厚,在这样温暖的集体中,孩子们健康快乐地成长……

10 出其不意，吃个鸡腿

小 X 是个胖墩墩的男孩，人高马大，皮肤白皙，拥有一双忽闪忽闪的大眼睛，呆萌帅气，衣品新潮，从外貌上可讨人喜欢啦！

他属牛，在鸿鹄班属于哥哥级别，可惜心智幼稚，完全是一位不太懂事的小弟弟。一块橡皮，一支铅笔，常常能玩整整一节课，脑子不笨，自控能力却一般，是需要家长、老师紧紧盯的那一类孩子。二年级时，一次写字练习时间，我在讲台上批作业，没有盯住，结果，小 F 写了 5 个字，小 X 写了 8 个字。行为习惯的评比，每个学期他俩都稳居倒数第一、第二，且与别的同学相差甚远。一对班宝，面对他俩，我有点哭笑不得，常常被他俩搞晕。自控能力差的孩子，各科成绩也是落后的。

上其他课的课堂纪律对小 X 来说，永远是个难题。要么手中拿着小文具做做小动作，要么与同桌或前后桌说说小话，打打手势。

在鸿鹄班，每节课课堂纪律都要纳入行为规范考核。除了我上的课，都有专任课代表记录孩子们的课堂纪律。只要被老师点过名、批评过的孩子，将被一一记录在案，记下学号以及原因，我好了解情况，也好与家长交流。下课了，由课代表带着这一拨被记名的孩子来到我办公室进行教育。

小 X 是常客，一天来个三五次是家常便饭，数学、科学几乎每节课都要被点名受批评。

又一节科学课下课，他被科学课代表带到了办公室，说他随便讲话，被潘老师点名了。又是这位小家伙，我噘着嘴，瞪大眼睛直愣愣盯着他，他在我的眼光的凌厉直射下，垂下眼帘，等待着我的批评。

说明书也写了，批评也批评了，与家长也沟通了，也"奖励"习题了……各种招儿都用了，可孩子就是这么自由散漫，控制不住自己。那这一回我该怎么出其不意，给他点心灵触动呢？

咦，他不是最爱吃吗？中饭无论吃什么，他都觉得分外好吃，每一天都会添加饭菜。体重已严重超标，挺着一个将军肚。他的爱吃好吃，在全班鼎鼎有名。

办公室里有美食呀！小燕子老师拿了桐乡市基本功大赛一等奖，向我表示感谢，买来了满满一大桶的肯德基全家福套餐。桶里还有好多呢！我的脑海中灵光一现：采用了这么多招，都不见效。见招拆招，投其所好，先用个鸡腿暖暖他的心灵再说。老是受到批评，与我产生了敌对情绪，做什么工作，就难以见效了。

"小X，许老师先送个鸡腿给你吃吧！吃饱了，我们再来谈你的事情。"我戴了一次性塑料手套，拿出了一个大鸡腿。他朝我傻傻看着，一双明亮的眼睛瞪得圆圆的，不知道我葫芦里卖的是什么药。

"快去洗洗手，拿去吃！"我笑着对他说。他扭动着肥肥的屁股，去水龙头那洗干净了手，接过我递过去的鸡腿，有点忸怩地拿着吃了起来。我让他静坐在我办公桌对面的小凳子上，让他慢慢吃。毕竟是在办公室，他不敢表现得狼吞虎咽，慢慢地咀嚼着。

等他吃完，洗干净手，我与他说："小X，许老师很关心你的哦！不要以为我有的时候批评你就是对你不好！我很喜欢你的哦！我是批评你身上的不良行为哦！"他点着头。

"上其他课，为什么不好好听课呢？为什么我去上课，你能乖呢？"我问他。"上其他课，我控制不住了，就想着放松放松！"他皱着眉头无奈地说。

"那我们一起来想想办法吧！首先不能有放松的思想，只有上课的时候认真听讲才能读好书，再说认真听讲是我们一位小学生必须做到的。当你控制不住自己的时候，我可以帮你安排个同桌提醒你，也可以在你自己的手心写'认真听讲'几个字进行自我提醒。"我教了孩子几招，让他学会挑战自我。苏霍姆林斯基说，战胜自己的教育，才是真正的教育。

面对弱势的问题孩子，批评、训斥、鼓励、关爱、赏识，多管齐下。吃个鸡腿，投其所好，让孩子感觉到老师对他的关心，增添一些教育的甜味，在此基础上，再与孩子协商，提出希望，让孩子学会战胜自己。

11　积极发言，有序推进

我一直固执地认为，一位孩子的口头语言表达能力，虽然不在考试范围之内，却是孩子将来进入社会安身立命的重要技能，甚至比书面表达能力更重要。

很多人信奉君子敏于行而讷于言。善于言说、滔滔不绝常常被世人看作不够稳重的表现。常有专家说：热闹的课堂，小手林立，孩子们没有安静思考的习惯，反而不利于孩子思维的发展。但我想说，若一位孩子从小没有较强的言说能力，没有参与课堂的习惯，他的生命一定会错过不少精彩。没有当众言说的能力，不利于孩子将来的发展。小学阶段，是训练一位孩子敢于说、乐于说的黄金时期。这不，部编版教材也好，人教版教材也好，颇重视孩子的听说训练，每个单元都安排了一个课时的听说训练。一位孩子讲的能力，仅仅靠一个单元一节课的训练，就能达成目标吗？其实是远远不够的，要融训练于平时之中。虽不是考试内容，但我仍然乐滋滋地训练。

为了鼓励孩子们积极发言，我努力创造宽松的课堂环境，时常告诉孩子们：课堂上允许出错，敬请大胆说。若你们都能说对，那要老师来干什么呢？当有同学回答错了，围观同学发出笑声的时候，我时常说：让我们用掌声感谢这位同学的错误回答，他的错误回答帮我们寻找正确道路……

自以为课堂氛围已很宽松，可有些孩子还是因自身的性格、气质习惯坐在座位上聆听，不愿意说出自己的想法。课堂上，端坐于座位，任凭同学潮起潮落，他们笑看风云，安于充当课堂听客。

鸿鹄班女生懂事、文静、内秀、学习刻苦，课堂纪律、文明玩耍都不成问题，但是，内秀孩子常伴随一个显著特点——不敢发言，非要有十成把握，才敢把手举起。课堂由鸿鹄男生们主宰，看，男生们一个个小手高高,滔滔不绝发表着自己的见解。

我得想个法子逼迫孩子们敢于发言,敢于亮剑。

咋办呢?来点咸味饼干吧!

首先,一天的语文课堂,要求至少发言一次或举手五次,若达不到,暂且允许我记个名,以学号的方式反馈到家长群,让我们家长朋友协同教育,在家鼓励孩子上课畅所欲言。家校协同,共同熏陶,互相影响。时常有孩子在家长面前说:"我举手了,可是老师没有叫到我。"56位孩子,一节课要做到人人发言,实乃不可能的事情。我竭尽全力把关注的目光放在那些内秀、金口难开的孩子身上,鼓励他们在不断挑战自我中超越自己。

其次,若三天不发言,那就上台表演一个节目给全班同学寻找点乐趣吧!唱歌?朗诵古诗?讲个笑话?或者学几声可爱的小动物的叫声?……没有明确规定,都可以,只要给同学带来欢乐就行。站到讲台上面,面对同学,训练的不就是胆量吗?

孩子们思维的活跃,课堂的灵动,随着我的层层推进日有进步。班级里绝大多数孩子敢于举手了,也乐于参与了。鸿煜发言积极,说起来头头是道;予栋发言积极了,敢于说出自己的想法;笑笑不经意之间小手高高举起;靓靓时常亮出自己的看法;只要老师提出问题,书瑶总是响亮地说出自己的见解……课堂气氛越来越活跃。我看到了灵气、慧气和静气,三气合一的课堂,孩子们做了课堂的主人,课堂洋溢着勃勃生机。

但是,仍有几位女生——小懿、小怡、小烨,如顽固的水分子一般,牢牢保持自己原有的底色,没有勇敢向前突破。

小烨语文能力颇强,朗诵优美,表情到位。我很纳闷,如此活泼可爱的女生怎会没有表达欲望?我让她去做主持人,去参加诗歌朗诵展示活动,让她找到温暖和自信,进而带进我们的课堂,带动她的发展。

小怡是位可爱的女生,长得眉清目秀,眼睛圆溜溜,充满灵气,很内秀,很文静。多次鼓励她,与她谈心,与她家长沟通,但成效不大。契机总在不经意中到来。某次期末考试,她取得了相对理想的成绩。怎么触动她呢?按照她的成绩,评选风雅少年有希望,但按照她极少举手几乎不参与的课堂表现,总觉得欠缺点什么。教育是什么呢?教育,是令人充满希望，令人变得更为美好。我特意打电话给孩子爸爸，告诉他，孩子平时各方面表现不错，考得也不错，就是课堂不肯发言。这次风雅少年想评给她，但请她写一份承诺书，保证以后上课只要会的，就敢发言，那风雅少年就评给她。爸爸很激动，女儿也很高兴，当即拿着电话与我说："许老师，我能做到的！我以后一定积极发言！"不只是说，孩子还写了承诺书，签上名，用家长的手机发给了我。

办法总比困难多，自那以后，小怡在课堂上有了明显改变。

最难的是小懿，不知是自卑还是别的原因，无论用什么鼓励方法，就是不肯发言。怎么办呢？某天，我告诉孩子："既然你胆子这么小，不敢发言，那就请你上课时坐在老师的工作桌旁，训练胆量吧！"新教室北面靠窗口位置放着一张崭新的老师批改作业的桌子，我且称之为"工作桌"。我让她坐在这个座位上，面向全班同学。她无奈尴尬地就座，有点不好意思。有几位同学捂着嘴在窃笑。"嗯？觉得好笑吗？莫非也想上来陪陪小懿？"听我这么说，一个个吓得大气不敢喘一口。

当我讲课时，小懿侧着身子朝我看着，认真听着，做作业时面向同学。一节课结束了，我伸开双臂微笑着抱抱她："宝贝！加油！"

第二天，又是我的语文课，小懿依然故我，没一点儿声音。哎呀！那就继续上来修炼吧！

第三天，语文课，神奇的一幕出现了。当我提了问题之后，小懿的小手举得高高的。哇！破天荒呀！我请她起来讲，声音响亮干脆，说话流利。我大大表扬了她，告诉全班同学："突破自己，是一件难事，但不是一件超难的事。小懿做到了！"全班为她热烈鼓掌。

或许，是这个经历锤炼了她，她不再觉得站起来说话是件难为情的事情。心里的关一过，自此，潇洒发言。小懿的语文成绩飞跃前进，四年级下学期获得了 92.5 分的佳绩。

由面到点，逐个突破，孩子们在课堂上敢于说，乐于说。鸿鹄班也因良好的课堂纪律，活跃的思维，大胆的发言，赢得开课老师们的青睐。每逢活动或比赛，常有老师来班上课，小鸿鹄们得到锤炼的机会更多了。

教育，是一件美好的事情。一点一点朝向明亮，"威逼利诱，哄蒙拐骗"，"忽悠"着孩子们不断挑战自我，朝向美好。

12 适当强势，学会敬畏

BB 是一个长相帅气的男生，喜欢画画，擅长书法，脑袋瓜儿聪明灵光，但学习懈怠，上课不专心听讲，成绩忽上忽下。无奈之下，我只好把最前面的 C 位让他坐，人高马大的他，就坐第一排。令人头疼的是，他的攻击性行为，已达到全班共愤的地步。

孩子本质不坏，只是嘴巴不善于表达，与同学处理不好关系，经常发生不和谐的行为。这位孩子来告状说，BB 把他打了；另一位同学告诉我说，BB 把他给撞了……

前一段时间，他的同桌依依忍无可忍的情况下，终于鼓起勇气来与我说：上课时，BB 拉她辫子，藏她的文具盒，有的时候骂她，真的不想与他坐一起了。

我找来 BB 了解情况，谁知他猪八戒倒打一耙，把责任赖在了依依身上。我只好叫来了他前后左右的同学了解情况，他们都说亲眼看见 BB 在上课时欺负依依，拉她辫子，取笑她，下课藏她文具盒。

我找来 BB 对质，他哑口无言了，在那边哗哗淌眼泪，说自己不会沟通，所以造成了与同学不和谐的局面。我能体会他的心情，理解那种四面楚歌的无奈和窘迫：邻座们见他又怕又畏又斥，懒得理会他。邻座之间却说说笑笑，何等友善。他越是依赖他的拳头，四周的人离他越远。

小瑞某天来向我告状，说 BB 无缘无故打他。啊？BB 与你不是好朋友吗？两人同在跆拳道班学习，表演节目都是在一起的，向来也玩在一起。怎么回事呢？小瑞皱着眉头，低沉着嗓音说："虽是好朋友，不知道为什么他无缘无故地打我。"他还告诉我，这样的事情，已经发生过好几回了，现在看见了他，只想躲避，无法与他深入交往。

我把 BB 叫来了解情况，BB 又说，没有打小瑞，内心里把小瑞当好朋友。我告诉他，不能借着自己不善于表达的这个特点，无缘无故打同学。他那学过跆拳道的手，力道足，碰一下别人，别人会觉得很痛。如果不改正，就会在"孤家寡人"的道路上越走越远。

我也与孩子爸爸进行了沟通，爸爸也纳闷：怎么会呢？向来是一起玩的好朋友呀！他向我保证，一定好好引导孩子。

接连发生他与同学的不和谐事件。我对 BB 一番苦口婆心，送了本《情商高的孩子能成大器》让他阅读，告诉他，人际交往的原则是互相尊重、互相理解，拳头解决不了问题。

我一直觉得 BB 妈妈的教育存在一定问题。低年级时，孩子有轻微攻击性行为时，妈妈总与我说："幼儿园时很老实，被人欺负，所以给他报了跆拳道班。他被人打了，就告诉他，打回去好了。"我不否认，孩子读幼儿园时，是一位内向老实的孩子。孩子的成长是一个前进的过程，不可能一成不变，事物在不断变化之中。当出现攻击性行为时，家长要引起重视了，纵容的结果，就是孩子在这条道上越滑越远。

中午，吃过中饭，坐 BB 后面的小 Z 跑来告诉我，说 BB 拿着一把锋利的器物追着要打他，他逃不脱，看见数学何老师来了，高喊"何老师救命"。何老师干预后，BB 才没有再去追他。

"是因为今天有什么事情发生吗？"我问小 Z。他说："不是的，是因为前两天，我指出了 BB 欺负同桌的事情。"

啊？青天白日之下，居然会发生如此校园欺凌事件，且是在素来相亲相爱的鸿鹄班。

正好中午作业整理轮到我，我去班上一调查，乖乖，整整 18 位孩子受过他欺负，被他打过，还不敢声张，只能暗自落泪。

我素来对他好声好气，好言相劝，可是他太嚣张了，此刻，不灭灭他的威风，枉为班主任了。也为了做给全班孩子们看：老师在情感上支持你们。憎恨这种校园不和谐事件，我要把这份憎恨强烈表达出来。

我厉声训斥："我们班级不需要你这样的打人凶手，不欢迎你。你自谋出路吧！"我三下两下把他放在桌上的书，一股脑儿装进他的书包，让他拿起书包走人。怎么可以这么欺负同学呢？仗着自己学过跆拳道，力气大，竟然对同学们如此不友善。

他不肯走，我雷厉风行地拎起他的书包，走到门口，使出了吃奶的劲儿，摔到了教室外的走廊上，宛如天女散花一般，书包里的一些书哗啦啦地散到了外面。20多年前，乡村孩子犯了很大错误，偷窃邻居几百元钱，我曾年少气盛地摔过书包。真的好久好久，没有这样过了。我把他推到了教室门外，一字一顿地告诉他："我们班不欢迎不讲理的打人凶手！你好自为之。"他站在走廊里，低着头，双手交叉地放在前面，眼泪哗啦啦地流。他手足无措地站在走廊里。隔壁班的同学，好奇地看着……

孩子们看着这一幕，有种偷偷想笑的感觉。向来，对于他，孩子们敢怒不敢言，但今天，他们知道了，老师在情感上是站在他们这一边的，在为他们伸张正义。

我让受他欺负的同学来到办公室，让他们一个个拿起我的微信，用语音向他爸爸控诉因什么事情被BB打，打过几次，陈述事情的经过。

爸爸没多久便给我打电话，与我说：让他马上回家，明天大考也不让他考了，回家反思。

我赶紧打电话给他堂姑姑，把来龙去脉告诉了她。她说：这小家伙好久不到她家去了，怎么变得这样？明天考试总归要让孩子考，教育归教育。

是呀！我们是以教育为目的的，不让孩子考试，不让孩子读书，也只是吓唬他一下。

我跟BB爸爸继续打电话，阐述几点：

（1）孩子必须立即停掉跆拳道课，跆拳道既护人，也伤人。本身脾气大的孩子，不适合学跆拳道。

（2）下学期，每晚还是去堂姑姑那儿做作业，爸爸妈妈晚上开店，根本无暇顾他。以前每晚去堂姑姑家做作业，孩子不出纰漏。自从居家学习孩子由自己的亲姑姑管，没人进行心灵疏导，问题多多。

（3）每天与孩子谈心，疏导不良情绪，约定不能打人。

（4）明天考试照常。

爸爸一口允诺。

我让他捡起书包，来办公室写检讨，然后回教室向全班同学道歉。他内心里也想读书的。

当晚 BB 爸爸就把孩子送到了她堂姑姑家做作业，让亲戚帮助引导。据说那晚，他特别老实和安静，认认真真看书复习。

没想到第二天的语文考试，考出了 96 分的高分，是他四年级以来从没有过的高分。看到成绩的那一刻我惊呆了，BB 居然可以考这么好呀！

希望 BB 能谨记教诲，待人友善。也希望这一次的扔书包，让他明白，学校不是一个肆意妄为的地方，人生该有所为和有所不为。

第四辑

多姿的团队建设

  培养孩子们的主观能动性，调动每一位孩子的积极性，培养他们的荣辱观念，培养小干部们的管理能力，让每一位孩子各司其职，有序规划，培养孩子们的自主管理能力，是智慧班主任的带班艺术。

1 非正式团，正向导能

物以类聚，人以群分。一个班集体之中，总有几位学生经常一起玩耍，一起讨论题目。随着学生年级升高，这种倾向越来越明显，甚至班主任干预效果甚微。谁与谁是好朋友，哪几位同学经常在一起，彼此都一目了然。社会心理学家认为，群体也称团体，是指人们为了某种共同目的，以一定方式结合在一起，彼此之间存在相互作用，心理上存在共同感并具有情感联系的两人及以上的团体。依据构成团体的原则和方式，在 20 世纪早期，美国心理学家梅奥最早提出了对正式团体与非正式团体的划分。非正式小团体是未经集体规定而自发组织形成的群体，它是基于个体之间彼此的好感、共同的爱好或志趣而结成的朋友、同伴团体。

相对于老师指定的官方正式团体，班上的学生更喜欢非正式小团体。在非正式团体中，学生在交往的过程中带着积极的情绪体验、鲜明的感情色彩，使学生心灵更加舒畅。非正式小团体的形成，不是一蹴而就的，原先早已认识、父母是朋友，或者在一个小区（村庄）等因素，有助于非正式团体的交流、沟通与共同活动；但随着交往的深入，同学之间志向抱负一致、兴趣爱好相同、气质性格接近等，产生人际吸引力，会渐渐打破一开始的非正式团体的组合，有些始终会固定不变，有些会重新排列组合……在交往过程中，形成与维持友好关系的一个重要心理因素，就是双方都能在情感上获得满足。

在非正式团体中，也并非全是成绩好或差的学生的组合，有的时候，也会出现一些互补情况。例如，一位学习成绩好的学生，字不够好，他的父母或学生本人有提高书写的愿望，这时与一位书写漂亮但成绩一般的学生，正好达成互相弥补，那这两位学生也易成为非正式团体成员。相对正式团体，非正式团体不稳定，人数不多，其作用却不可低估。如果教育引导得当，会产生积极作用和良好影响，若管理不善或者放任自流，就会产生消极作用和不良影响。

发挥非正式团体的正向导能，利用非正式团体让班集体朝着健康正确的方向发展，是摆在班主任面前的课题。

一、招募热心家长，非正式团体衔领假日小队活动

马斯洛的需求层次理论指出，社交需求、尊重需求都是较高层次的需求。学生兴趣爱好各有不同，求知欲望不同，正式团体无法完全满足学生的情感、尊重需求。而在非正式团体中，学生彼此之间爱好、志趣、气质、性格接近，满足了其精神需求。非正式团体成员之间的交往是班集体交往的必要和有益补充。

非正式团体各成员间的交往是学生的主要人际关系，是他们生活、学习中非常重要的一个组成部分。红领巾假日小队实践活动，是一项非常有意义的活动，培养学生的动手实践能力，开拓他们的眼界，丰富他们的生活，但班主任不可能经常组织，也没这个精力和时间。为此，我充分考虑发挥非正式小团体的作用，每个学期都会招募七至九位热心家长，由他们衔领我们班的假日小队活动。每一次假日小队活动，不固定成员，由热心家长的孩子自己约伴，不限定人数，通常三至五人，有时候人数更多，只要在这位热心家长的承受力之内就行，老师不作过多限制。参加假日小队活动的学生，就是一个非正式小团体。由热心家长带领去高铁站做义工、在家一起学烘焙、一起去名牌大学研学、一起参加科技小组做实验、一起去市政广场宣传垃圾分类等有意义的活动，能够增进非正式团体成员之间的友谊，丰富他们的业余生活，提升他们的社会参与度，培养他们的综合实践能力。

有了这些热心家长的倾情参与，我班假日小队活动丰富多彩，荣获了嘉兴市优秀雏鹰假日小队，促进了非正式团体成员之间的互动，比学赶超，互相熏陶，彼此迁移，班级向心力强，形成了浓浓的学习氛围。我班学生

综合能力强，无论学习成绩，还是群体活动能力、探究能力，都处于年级领先。在非正式团体的聚心凝力下，我班学生在假日小队实践活动中茁壮成长。

二、成立学习小组，非正式团体提升同伴影响力

时间久了，班级同学之间，同类同质互相吸引。一二年级，非正式团体的组建，成绩因素还不占主导。进入三年级，随着学习难度的增加，学生自我意识的日渐形成，成绩优异者彼此间有更多共同话题，聊学习，聊见闻。成绩相对落后的学生，也会形成非正式团体，经常一起玩耍、一起游戏，若让他们加入成绩优异者队伍，他们内心感觉有压力，更愿意与水平接近的同学一起玩。根据这些情况，我会让他们自己成立非正式学习小组，鼓励每一个非正式学习小组的成员向组内最优秀的孩子看齐，作为挑战追赶的对象，以此增强非正式小团体的核心队员的影响力。优秀的学生组成的非正式学习小组，我会鼓励他们挑战更有难度的学习内容，比如一起做做奥数，一起读读新概念英语等，在学习上增加厚度（跳一跳，摘到桃子），发挥领头羊的作用。

我班里有两位女生小懿和小涵，学习、卫生、作业等各方面习惯较差，能力较弱，她们气场相同，居然自发组成一个非正式小团体，每天一下课形影不离，不与其他同学交往。长此下去，怎么得了？我稍加引导，邀请两位比她俩能力强点的女生小瑶和小媛，带带她俩，组成一个非正式学习小组，让这两位女生从小我圈子里转出来，学会与其他同学交往，鼓励她们与比她俩强点但又不高高在上的女生，一起学习，一起前进。非正式团体核心队员的影响力，甚至比正式团体的更大。自发形成的组织，源于内心高度的认同，对于学生的推动力更大。

有时候，尤其女生间，明明今天是好朋友，突然间吵架了，友谊的小船说翻就翻。我没有过多干预，只是鼓励互相谦让、心胸放宽，让他们学会自己处理。实在处理不了时，我再干预。

现代社会心理学研究表明，与同伴的交往是儿童身心发展和社会化赖

以实现的基本要素。非正式团体成员的交往，彼此相互信任，帮助学生正确认识、评价自己，促进学生的人格独立与发展。

三、综合实践调查，非正式团体促进同伴间的社会化能力

在非正式团体的交往过程中，个体认识水平和道德水平的同步发展是可以实现的，有助于学生形成良好的行为规范，获得一定社会经验，唤醒学生的自我意识。借助非正式团体，我鼓励学生们自己组团去进行综合实践调查。比如，我班组织了"听长辈讲过去的事"，让非正式团体借助家长的资源和力量，各显神通，各司其能，去桐乡各地进行综合实践活动。

活动前，先给自己的非正式团体取一个响亮的名字，再分头去各地进行调查或采访。比如，有一个非正式小团体，去崇福老街采访一位老军人，自己设计采访稿，自己记录，不亦乐乎。学生在这样的活动中，深受感染和鼓舞，道德情感受到熏陶。还有一个非正式小团体，走进凤鸣街道敬老院，和爷爷奶奶们聊天、表演节目，在尊老爱老的活动中受到熏陶，提升了道德水平……再利用一节课，让各个非正式小团体进行汇报和展示。这样的综合实践活动，培养了团体成员之间的合作能力、交往能力、社会化能力，每一位学生都得到了锻炼。学生们在活动中进行沟通、合作和竞争，培植同情、尊重和关心他人的情感，建立良好的社会化交往，提升道德认知水平，唤醒自我意识，同时也为以后踏上社会奠定基石。

上述种种具体工作中，我充分发挥了非正式团体的正向导能，让非正式团体这个无形的资源活跃化、扩大化、效能化，让它成为班级团体中不可分割的一部分，满足学生情感发展的需求，促进班集体的良好有序发展。

2 安静午餐，有条不紊

这学期，我们搬进了新教学楼。一切都是新的，新的教室，新的办公室，新的餐厅。孩子们终于不用在教室就餐，终于拥有了属于他们的餐厅。餐厅的顶部蓝白相间，镶嵌着柔和的白云灯，赏心悦目。置身于摩登的现代化时尚餐厅，那兴奋无以言表。

鸿鹄班被分配在一楼走道的边上，总共三张长餐桌，第一张短些，另两张长一些。相对其他班，鸿鹄班的空间更大。我在教室里以四人小组为单位，排好就餐顺序。吃饭时，如在教室般排队就餐，当时也没顾上观看其他班的盛饭方式，我还觉得鸿鹄班孩子幸运，有比较大的空间给我们排队，能早早适应食堂吃饭节奏。

两周后，管德育的朱校长在集会上反馈，表扬了有创意的班级流水线盛饭菜操作使学生不用挪身，同时指出鸿鹄班排队等待法容易引起噪音大。一语惊醒梦中人，听领导分析，觉得甚有道理。

更换方法！根据我班餐桌分布情况，特意指定了唐翌展分饭、陈铭佳分素菜、徐雨彤分荤菜，并选派两位同学负责传递盘子：一位同学手拿盘子，传递给陈铭佳，放在餐车上，盛饭、盛素菜、盛荤菜的同学马上盛放到盘子里，接盘子的同学马上放到餐桌上，坐着的同学把盘子往里推，最里面的先吃。

说行动就行动。按照这样的节奏和思路，马上试行，哎呀，孩子们悟性真棒！没几天，一位位都成为熟练工了。每天的午餐，有条不紊开展着。

最先吃饭的是餐盘管理员——小泽和小赞。他们两位吃好后，一位负责提醒同学做到光盘，看到有剩饭剩菜的同学给予提醒，吃光了再去倒，另一位负责提醒同学们的餐盘整理。

看，小泽和小赞，两位超级负责任的餐盘管理员：摆放餐盘，做到了朝同一个方向放，勺子的摆放也做到了美观。他们会把同学们放在最上面的56个勺子，放在最上面餐盘的一个格子中，勺柄朝不同方向，犹如一朵盛开的花朵。小泽管光盘很负责任，发现餐盘不干净，会让同学吃完后再倒。地上有菜汤，马上拿拖把清理，非常认真，一丝不苟。这孩子真的越来越能干了。整理餐盘更是一丝儿也不懈怠，有的时候甚至跪在那边做，这一份认真常常令我动容。

有天，我校管总务的缪主任路过鸿鹄班，被鸿鹄班的餐盘整理给深深吸引住了，情不自禁拍了照，上传到学校工作群，大大夸奖了一番。瞧，咱们鸿鹄班的孩子，做事就是做得这么细致。我很骄傲，微信群中美美地表扬了这两个孩子，家长们纷纷跷起了大拇指。

当然，也有稍稍不和谐的音符。在餐桌上传勺子的时候，发现熠宸用力乱推勺子，勺子"哐当"一声，掉在了地上，墙上的分贝仪嘀嘀乱叫一阵。我走过去，让他站起来。他竭力狡辩，说有人也这么干。一了解，原来是小瑞。面对这种不文明行为，怎么办？我没有批评，而让他们两个将功补过，去做接盘子、分勺子的班级义工，坚持做两周。他们两位没有辩解，乖乖去做义工，在为同学的服务中反思自己的不文明行为。

三张餐桌，安排了三位擦桌子的餐桌长。宋予栋、李宇玲睿、张熠宸，前两位每天那么认真，牢记自己的任务，等桌上同学吃完后再拿抹布，细细擦干净。尽管睿睿右手受伤，吊着绷带，仍坚持认真做。最令人感动的是宋予栋，不仅仅擦桌子，还把同学坐的每一把椅子都细细擦一遍。

熠宸却常常会忘记这个事情，常记不住带上抹布。一吃好饭，神不知鬼不觉早早离开餐厅去教室了。我经常是只看见睿睿和予栋在忙碌着。我让同学喊了几次，依然如故。与他交流了几次，有了好转，转而又犯。后来，忍无可忍，与孩子妈妈微信联系，告诉她这个真实状况。我告诉妈妈：孩子对待劳动天天要老师盯住，希望在家加强孩子的劳动教育。

在爸爸妈妈的支持配合下，他有了明显改变。家长的支持，是最有力的保证。

铭佳和翌展一如既往，默默为鸿鹄班付出，这个学期双双竞选上副班长。我常常对他们说：别把自己当副班长，在许老师眼中，根本不分正、副班长，你们两位就是班长，大胆做，大胆管！每天他们两个自己吃好后，会拿起拖把，把鸿鹄班所辖地拖一遍再回教室。

　　梁启超说，人生须知负责任的苦处，才能知道尽责任的乐趣。我很欣慰，看似平常的一个午餐，有这么多负责任的孩子在背后默默地付出。一个人能承担多大的责任，就能取得多大的成功！

3 花五分钟，教室干净

放学了，若经过学校里的教室，时常看到一幅幅截然不同的场景：有些教室，窗明几净，桌椅摆放整齐，卫生工具摆放齐整，抽屉里学习用品摆放有序，井井有条，令人心旷神怡；有的教室，桌子七歪八倒，卫生角垃圾满地，午睡用品有的掉在地上，地上垃圾多，俨然大型"灾难"现场。我想，谁都会喜欢前面的教室，谁都希望自己的教室干净整洁。

不可否认，现在城市里的孩子，劳动教育是匮乏的，衣来伸手、饭来张口，多少大人围着孩子转，即便全面开放了二胎、三胎，依然是老人、父母围着孩子在转，导致孩子的整理收纳能力从小没有得到锻炼。有的时候，我们是中途接班，会情不自禁地感慨前任老班常规上不注重，造成孩子们的劳动习惯、卫生习惯、整理能力如此之差。我一手带上来的班，自认为注重细节，反复强化，反复训练，可是只要稍微不关注，某些孩子便打回原形。

根据我的带班经验，用好放学整理的五分钟，实乃教室保持干净的一剂良方！

放学了，我让孩子们留出五分钟时间整理：首先整理书包、抽屉，把桌面擦干净，用小扫把扫掉橡皮屑，把桌子对整齐，把书包放到桌面上，用小扫把、小畚箕清理地面及附近区域。最后推动椅子，往前放。概括为四字口诀就是：理、对、扫、推。我在黑板的一角写上：

（1）理：理书包、抽屉、桌面。

（2）对：桌面对整齐。

（3）扫：扫地面小垃圾。

（4）推：推动椅子到桌子下。

56人的大班，人多，桌椅多，往往背着书包出来时，膨大的书包会把同学的桌子带歪。我要求孩子们，拎着书包走出座位，到没有桌子的空旷处再背起书包。

只需五分钟，执行四字口诀，教室保持干净。

大部分孩子做得还是到位的，不排除一小部分孩子，无论你怎么训练，今天好了，明天恢复原来的状态，打回原形。

打磨细节，专抓这一小缕孩子。带一个班级，就是这样，这一小部分孩子会牵扯许多的精力。稳住大部队，把基础做扎实，这是我们稳步推进的先决条件。

办法总比困难多。有一个学期，实行放学时组长检查负责制。放学了，组长整理好自己的地盘后，拿着小本子逐一检查并记录自己组里各位组员的情况，再俯身整改组内做得不好的地方，把垃圾捡起来，桌椅对整齐，第二天反馈给组里的同学，计入一周行为规范总分。效果真的挺好，但弊端是这四位孩子放学时要晚一点出校门，有点违背学校放学不留任何一位孩子的原则。不然，我将一直沿用。

好吧！继续动脑吧！

这个学期，我采取的方法是：早上最先到的五位孩子进行教室地面、桌面、桌椅、抽屉的检查，发现有问题，写在黑板上公示。连续三天被记名，则为班级服务一次。如此执行两周，只剩下三四位顽固分子，地上垃圾多，凌乱。那好吧！把公示的学号，单独发到家长的微信上，让家长朋友知道孩子的问题。

小黄各方面表现有了明显进步，但每天的卫生状况和放学整理情况不乐观，总是在记录榜单上。黄妈妈告诉我，家长已知道孩子的不足，也在家中积极训练，让孩子每天扫地、拖地，加强劳动教育，加强孩子对自己房间的收纳整理，每天都做，当成一件重要事情训练。有了家长朋友的支持和配合，自然长进了不少。

小乐整理书包的速度总是比别人慢，每次都是最后一个出教室。这是因为孩子在平时没有收纳书包、整理书包的习惯，一听说整理，就把抽屉里的书一本一本地放进书包，等他做好四字口诀的时候，早已落在了别的同学后面。某天,又是最后一个离开教室。"小乐,整理慢,最后一个出教室,扣一分。"无奈之下,我拿出了杀手锏。他无奈挤了挤眉头,以后的日子里,速度快了许多。

小涵,一年级起,就是一位收纳、卫生困难户。在家长重视、孩子自己努力之下,小涵在抽屉整理、卫生打扫等各方面有了长足进步。

卫生工具的摆放,由认真踏实的钱灏和佳烨负责,扫帚统一一个方向,齐刷刷一字儿摆放在大塑料桶里,好像一列随时待命的士兵。同时也要求全班同学但凡使用过扫帚,就不能随意乱放,就得按照这个样子放。两位同学经常检查,一发现情况,及时帮助归位。

垃圾分类的三个桶,也专人负责,由朱容川每天清理可回收垃圾,扔到学校的专用可回收垃圾桶里,若发现同学乱扔垃圾,及时清理。

学校也开始重视放学后的教室卫生了,进行放学后教室卫生的抽查。鸿鹄班有了这每天五分钟的整理以及整理"顽劣"分子的逐个突破,时常处于表扬榜单上。轻松、快捷、有效,破解放学后教室脏乱的难题,只需用足用好五分钟。

4 专物专放，统一规定

一个教室的干净整洁，除了保持地面卫生、桌椅摆放整齐，还需要各个方面的细节打磨。

比如，书包的摆放。现在的大书包抽屉都已无法装下，放在哪儿呢？我一般是要求孩子们每天按课表拿书，正常情况下，书包也不是很重。每天到校，拿出一天的学习用具，放在抽屉里，书包就摆放在孩子坐的椅子上，两根肩带绑在椅子上。若是班级人数少，完全可以把书包挂在椅子后面，那样，就座的孩子舒适度更高。但对于一个人数颇多的大班来说，空间不允许。

一旦到天热季节，厚厚的书包垫在孩子们的后背，有点热，可以放在地上。教室里每天都有同学拖地，地面干净，若孩子愿意摆放，我完全允许。我作了统一规定：不是你想放哪儿就放哪儿，而是需要摆放在桌子下面横档处，靠着横档，书包不会倒。双脚肯定不自由些，56人的大班，本身拥挤，只能学着去克服。

对书包拉链，我规定：只要拿好东西，立马拉好，养成习惯。随时有专人检查。一开始的一个月内，每次我进教室，都会让孩子们互相检查，有没有让书包的嘴巴张开呢？强化、巩固、训练，直至养成习惯。

每天喝水用的杯子，放水果的盒子，要喝的牛奶，参加晚托的孩子带的小点心……若这么多物件一股脑儿塞进书包，书包也难以装下。从一年级开始，我鼓励孩子们另外置备一个装有拉链的手袋，把这些用品独立装进手袋，不建议放书包里。手袋拿来了后，挂在桌子的挂钩上。

天气一热，孩子们运动或活动好后，往往会脱外套。这衣服放在哪儿呢？我曾经看到有孩子随意脱下的衣服掉在了地上也不知道捡起来，被自己或同学踩得脏兮兮的。

我规定：嫌热，脱下的衣服统一披在书包上面，袖口打个结，有纽扣的衣服必须扣上一粒纽扣，这样牢牢套在书包上，不易滑落。自打我这样规定之后，还真少见衣服滑落被踩的场景了。

午睡时间，是最让人烦忧的：一个疏忽，孩子们的午睡用品，什么小被子、小枕头了，随处乱扔，遍地都是，看着特别不舒服。

我一般通知孩子们拿小被子时，不要拿幼儿园午睡时那种比较厚的小棉被，而是带轻薄的小被子。同时要求孩子们用有拉链的袋子装好，至少带有拎环能打结的软环保袋，而不是那种硬邦邦的硬纸袋。

新教室面积大，南面临窗有三排小柜子，每一排有17格，总共51个格子。我按照学号，让每一位孩子认领一个柜子。少了五个小柜子怎么办呢？51号至56号同学，我让他们把储物袋放在教室后面、黑板边上的储物柜里。我告诉他们，需要的时候，自己去取即可。

没有午睡的那些日子里，我鼓励孩子们把平时不经常用的学习用品整齐放在属于自己的柜子里，要求放整齐。

学校规定：上半年，五一后为夏令时，有午睡。下半年，整个9月，也是夏令时，有午睡。一年中，有三个月的时间，有午睡。午睡岁月，我要求孩子们：须把午睡用品放在相应柜子里。孩子们放是放了，但随意乱放，柜子里凌乱不堪。有的环保袋坏了，整个小被子赤裸裸丢在储物柜里，有的环保袋两个手提环如两只长长的兔耳朵般垂在外面，没有一丝整洁惬意的样子，破坏教室的美感。

怎么办呢？一方面，与孩子们约定，午睡用品要进行折叠和整理，拉好拉链或环保袋打好结，口子或结要朝里面放；另一方面，我选派了张舒元同学全面负责检查小柜子里的午睡用品，没有打结的帮助打结，放得乱七八糟的柜子帮助整理，同时记录好同学的名字。我让小张先友情提醒两次，第三次开始，直接把名单交我处理。

鸿鹄班的孩子们契约精神不错，一排柜子在小张同学的打理之下，整洁了不少。

午睡的时候，装小被子的袋子、书包等是不是可以乱放呢？也不是的，我统一安排摆放在桌子下面。管理午睡的同学进行检查和重新置放。

习近平总书记在全国教育大会上强调，教育的根本任务是培养德智体美劳全面发展的社会主义建设者和接班人，要在学生中弘扬劳动精神，教育引导学生崇尚劳动，尊重劳动。《中小学生守则》明确指出，中小学生应"勤劳笃行乐奉献"。

专物专放，统一规定，哪怕教室小，哪怕孩子多，哪怕所带东西多，只要不断打磨，注重细节打造，教室依然会美观整洁。在这样有序美丽的环境中，每天的生活、学习变得惬意又舒畅。只有置身于舒服的环境，方能更好地学习。

5 专人负责，提高效率

周一，仔细批阅家校本，易子昕没有听写第二、三单元的词语，却打着大大的钩，问她做在哪里了，说不上来，卖萌地吐了吐舌头：呀！我忘了！联系昕妈，说忘查了，主动承担责任。一立和旦晨少听写了词语。

上周，我令各科课代表落实上课听讲情况，但凡有老师批评或者看到谁随便说话转来转去，及时记录，下课后及时反馈，抓"不认真听讲的壮丁"来办公室，我了解情况兼教育引导。

每一堂课都认真、专心、潜心地听讲，提高课堂效率，学业才会优秀。

各科课代表逐一反馈了上一周本子上的记录，我让报到名字的孩子站立，同桌帮助记住报到名字的次数，既快又便捷。

不统计不知道，一统计吓一跳。排在榜首的是逸航——鸿鹄班宣传委员。他在除语文课外的几乎所有课上转来转去，要么与后面的魏辰说话，要么与同桌缪漪静说话，次数达到了 10 次，简直傲视"群雄"呀！虽说座位偏后了些，但这不应该成为转来转去说话的理由。

张熠宸、冯旦晨各 7 次，转来转去说话。张熠宸座位坐到哪儿，把话带到哪儿，上次调座位，前后左右的同学反馈把他换掉，善良的沈佳烨愿意接受他，谁知他一点也不知悔改，依然不停说话，无奈把他调到第二排，绝对 C 位，依然转来转去。

冯旦晨甭提了，几天前被英语老师拉到讲台边听课。王诚斌 6 次，在座位上喊答案，全思丞和夏雨萱经常聊天，张涵 3 次，钱之微 3 次。

作为本周午餐的义工人员吧！在劳动中，在为同学的服务中，修炼自己的行为吧！

下午，我得暇去车辆性能中心检测刹车后灯，等了好久，等我回来快要上第三节课了。笑笑拿着反馈本子过来了，哎呀，音乐课后面怎么一长串名字呢？笑笑说，张熠宸在做奇怪动作，那边角落里笑的笑，说的说，乱糟糟。

　　刚走进办公室，张老师看见我说，全班笛子吹得都很棒，好多孩子都是五星加。每天笛子打卡挺有功效。

　　音乐课上一群不遵守纪律的小家伙站到了我身边，钱灏与沈欣怡也上榜了，盘问引导一番，先让他们回去。

　　事件核心人物——张熠宸，音乐课上做很夸张的弹大提琴的动作，表情包超级丰富，引得前后左右同学捧腹大笑。

　　又是他？一颗孤独的星球。他内心很想融入这个集体，却用不合适的语言、不合适的动作，让原本靠近他的星球一个个远离，孤独地在茫茫宇宙中飘荡。

　　同桌微也是一位好事女生，缺乏自控力，座位无论到哪儿，总在制造说话风潮。

　　宇梵最近不是很乖了吗？原来被熠宸带乱了节奏。

　　留下他们三位，写说明书，说明情况。张熠宸与微所讲的有出入，先写一写吧！

> 　　□□今天在上音乐课时，我同桌在旁边做非常搞笑的动作，我一转头，就看见他这模样，我无声的大笑起来。我想起沈笑妍会记课堂不乖的同学，于是我转过头去，不看张小宸。可是沈丹宁还在笑，吵得我都没法上音乐课了，我又转过去叫她别她笑了，但又看见张小宸搞笑的模样，我又大笑起来。徐宇梵也跟着张小宸，做着搞笑动作，我尽量※不去想这件事，但贾贵贵的笑声和沈丹宁的笑声，让同桌又做起了搞笑动作（徐宇梵也做起来。看着同桌※乱动的手，我又忍不住藏在袖子里笑起来。
> 　　□□下课之后，我已经知道我完蛋了，后来许老师就叫我去办公室。我下次再也不这样了。

第四辑　多姿的团队建设

我在想：难道你自己没有笑声吗？就没有你的原因吗？为什么你的座位无论放在哪里，都有问题呢？你就没有说一点话吗？

这一份说明书，完全是避重就轻，逃避自己的责任。我让她在反面重写……

我让她停一次足球课，自己去向唐老师请假。课堂纪律遵守不了，足球先暂停一次，也向微妈妈说明了情况，微妈妈告诉我，足球这一周停掉，她向老师请假。一位纪律涣散的孩子，是需要承担一些惩罚，让她明白该怎么做，知道前进的方向。

为什么要这么做？支撑他这么做的理由是什么呢？明明知道老师知道了会批评，到底是什么让他有勇气铤而走险？

我把贾斐斐叫来，问询：你看到张熠宸这么做，这笑是欣赏的笑，还是看不起的笑？

贾斐斐说，有点看不起。

我告诉张熠宸：你做搞笑动作简直就像马戏团里的小丑，他们看到你这样，就与看小丑差不多，这不是欣赏的笑。

此刻，他告诉我，因为缺少朋友，想做一些搞笑的事情，让同学喜欢他。原来，他是在找存在感呀！

"那你以前上体育课在操场上逗狗,也是为了逗同学玩吗?"他在边上点点头。

"你错了,上课时你越不遵守纪律,同学越看不起你,越不想与你交朋友,你就越是孤独的星球。上课遵守纪律,下课多说好话,多做好事,属于你的星球,才会不再孤独,才会有更多同质的小伙伴前来欣赏……"

因为有了课代表的专门记录,其他课堂上学生的表现,我能做到及时了解,及时干预,也可及时找到孩子的内在原因。同时也赋予了课代表监督的权利,让他们明白自己肩头所扛的责任,找到了他们在班级中所属的位置,调动了他们的积极性。班级朝着一个良好的方向发展……

6 收紧袋口，干部助力

义工目标开始转换，让不肯发言的孩子做一周义工。瞧，好几位女生中招、欣怡、嘉懿、路俉等，一位位文静、乖巧，自主管理棒，可无论我怎么威逼利诱，就是不肯发言。

或许是孩子个性使然，但小学阶段可塑性强，多一些克服，应该可以改掉。尽管与孩子们说，哪怕发言错了，也不会被批评，依然有少数同学不敢举起手，真的要好好修炼哦！

不做义工不知道，一做义工真奇妙：做了几天义工后，向来内秀的孩子开始敢于举起小手了。劳动改造，还是需要的。

周三开始，我去富阳参加工作室培训。11月份省工作室主持人去上海培训，我请假了，这一回不能再缺席了。联系了大李老师帮忙代课，交代好上课内容，放心地出发了。

归来回到班级，听小何老师说，诚斌和旦晨最不乖，其他孩子算正常。诚斌就是不善于控制自己的脾气，早读时说话，张瑞记录了他的大名，哎呀，捅了一个马蜂窝，生气了，发脾气。

不知为何，还与钱予泽发脾气，吵架，欺负他。一个人跑到了操场上，心理委员郭以轩和大队委员朱笈弟去劝，劝都劝不住，牛脾气上来了，就不想上来。

大名鼎鼎的旦晨，上数学课随意走来走去，说话，一点儿也不认真，数学考了60分。

课堂作业"家乡名人名片的设计"，沈佳烨、郭以轩、徐逸航、章佳一等同学特别认真，图文并茂，堪称一绝。然而，一小部分孩子潦潦草草只写几个字。看看课堂作业本上的字，明显比以往不认真。在微信群中，我发了最优秀的作业、最差劲的作业，让家长朋友们看到孩子之间的差距。只有直面这个差距，方能迎头追赶。

语文课，我教孩子们书信格式。第三节，点评孩子们的课堂作业，作业认真仔细整洁的，一本本用投影仪展示，让他们欣赏。作业质量差的也展示，让孩子们自己去寻找差距。

外出三天，孩子们有点松散。课堂作业本上的字明显不认真，不端正。范老师说，一班、三班的班主任不在，班级声音明显大了，吵了。主要是不够自律，我们得继续修炼。

少部分孩子没有写点评习作，让他们一个个在办公室补好。小宁这几天请假，课堂作业本上一个字没有，同样请假的佳一，课堂作业认认真真全都做好，只等老师批阅。我给小宁妈妈打了电话，问询了情况。这就是差距，家长对孩子的要求带来的学习上的差距。

我让孩子们把第二天考卷上的作文，写到生活作文本上。大家都写得认真、有趣，大部分孩子格式正确。冯旦晨、钱予泽、徐宇梵、张涵四位孩子写得乱七八糟，要么短，要么涂涂改改，惨不忍睹。其他三位都老老实实来到办公室重新写好。唯有张涵，回家作业一个字不抄，作文重写只写了四行，懵懂的女孩！不知为什么，明明邱金依柠成绩比她差，但融入度明显比她高：课堂作业抓紧做，回家作业认真誊抄，无需老师操心。唯独张涵这位小姑娘，仿佛总是长不大。当然，长不大有长不大的乐趣。

中午落实了午间管理小干部，每天安排了两位同学，排了三位后备干部。中午卫生铃声响起后，全班静场。也给了小干部们一些权利，倘若当天管理时发现纪律不好，屡屡提醒不见效，可以加一个作业（默一课词语或做一篇"学习体验与评价"）。适当赋权，方能大刀阔斧进行管理。

调换了一批孩子管理午休，班级人才济济，不希望总是那几位孩子在管理班级，让沈佳烨、夏雨萱、郭以轩等一拨内秀孩子有机会站上前台，给他们一个机会吧！

罗汉袋口收一收，作祟"小妖"收一收，出色小干部理一理，自助管理我能行！培养好出色的小干部，班主任方能从繁忙的琐碎的班务中解放出来。

7 各司其职，有序规划

连续两周外出，心里如打翻了的五味瓶，不是味儿，有点惶恐。

上一周刚去富阳学习三天，邀约大李老师代课。想着有老师代课，且是这么负责的大李老师，我很放心，忘了好好叮嘱。据说，课余时间，孩子们犹如老虎出洞，分外活跃。

这周继续外出两天，非出不可的差，内心有点儿抗拒，但实属无奈。周四、周五各一节语文课，一节道法课，总共三节，不想再辛苦已退休的大李老师了。

我开始了全面规划。周一时，挪用下午第一节的体育课，让小王老师周四上午第二节再上，下午的道法课，让小何老师代课。周五的语文课怎么办呢？联系了其他科目的老师，根本调不过来。没有办法了，怎么办呢？我顺便问询了隔壁班的忠妹老师，她说有时间，可以帮我上。得来全不费工夫呀，正好解决了我一个大难题。

小学班主任的忙碌，主要不是反映在课表上，而是反映在课表以外的管理上。课表上的课已搞定，中午的作业整理、周五早上的笃行教育、回家作业布置等事项，我做了一个周密的安排：

家校本的批阅，挑选了本学期历次考试排前四的四位男生，朱天乐、金煜翔、朱笈弟、张舒元各批一组，朱天乐为第一组，金煜翔为第二组，朱笈弟为第三组，张舒元为第四组。把这四位男生叫到办公室，叮嘱他们不能乱批，钩子要打小点，不能涂涂改改。

周四中午、周五晨读和笃行教育时间读什么内容，谁来主持，以及回家作业该布置点什么，全都罗列在白纸上，双休的语文回家作业一一写好，尽量做到一目了然。

谁来抄写回家作业呢？我交代吴天欣，每天中午吃好午饭来到教室，第一件事情就是把语文回家作业抄写好，字尽可能写大一点。

叮嘱、交代，并在白纸上写好"文明、有序、安静"六个大字，交代好小何老师，安心去合肥了，参加第二届长三角德育创新论坛去了。

周四下午，在微信上问小何，情况如何？小何与我说，很乖，中午朗读课文声音很响。听小何这么反馈，我也就放心了。

周五下午，再次问询，小何说，除了小黄中午搞卫生有点水溅到同学身上，同学前来投诉，其余都乖。

出门在外的我，一颗心安然放下。

周一了，来到学校，视察了一下班级，除了前台这一块地上污垢有点堆积，其他地方还真看不出有什么不干净。

在办公室问起班级情况，忠妹老师赞不绝口，一墙之隔，差距咋这么大呢？她说，有两个感动：一是，她还没到教室，同学们已经在朱笈弟的带领下，学习小古文了。二是，她都没有教过三班，见了她，孩子们总是恭恭敬敬敬礼、打招呼，真感动！孩子们打习作草稿，一节课后她收上来一看，都很认真，草稿打得很多，真是乖！听着忠妹老师的赞誉，想着三年多来孜孜不倦的付出，有迷惘，有失落，有失败，也有成功。孩子们的精神面貌，日益变化，现在日益省心、省力、省气。

早晨、中午、晚托，两天我不在，班级运行有条不紊。

小干部管理制，承包制，轮值制，纷纷落实到位。

班主任不在，本该属于我进班的时间，全都由小干部们管理，班级有条不紊，不容易。我拿了去内蒙古通辽出差买来的奶片，奖励给他们，每人一颗，让朱容川、朱笈弟发。孩子们一听说有奶片吃，一个个眼睛发亮，情不自禁鼓起了掌。

刚从外面走进教室，猛地看见，教室前面的墙边多了一位小朋友。原来小何老师让四班的一位男生来观摩我们班中午静心做作业的场景。

我对发奶片的朱容川说：来者是客！要善待客人，也给他发一颗奶片吧！一开始，这位同学不好意思拿，连连说不要。我对他说，没事的，拿着吧！他不好意思地伸手拿了过去。

培养孩子们的主观能动性，调动每一位孩子的积极性，培养他们的荣辱观念，培养小干部们的管理能力，让每一位孩子各司其职、有序规划，培养孩子们的自主管理能力，是我的带班艺术之一。

8　身先士卒，带头干活

作为班主任要善于培养一支热爱劳动、乐于奉献、勤奋好学、积极上进的班干部队伍，培养他们为班级、为集体、为同学服务的意识。一批精明强干的同学，是班级发展的核心力量，可以以点铺面，带动全班同学的发展。班干部是一个班集体稳定前进，保持生长姿态，蓬勃向上的中坚力量。

鸿鹄班是从二年级下学期试着竞选班干部的，竞选轰轰烈烈、热热闹闹。落选的同学，我全部安排进了公益团队（邮电团队、午餐天团、课代表团队等）。教育是什么呢？教育就是唤醒孩子们内心积极向上的一份愿望，让每一位孩子处于集体之中，能找到事儿做，能有一份归属感，能找到属于自己的坐标。

毕竟是竞选上来的班干部，总得多做点什么，总得是纪律、劳动、学习、卫生等方面的标兵。

每一位班干部都得有事儿做，不是空挂名头。

班主任助理：协助班主任做好各项工作，做好《班主任工作手册》的部分填写工作。心理委员处理不了的纠纷，和班长一起处理。

班长：统领全班，参加学校广播的集会，处理纠纷。

副班长：分管卫生和纪律。

学习委员：每天给白板笔加墨水，帮助同学答疑解惑。

体育委员：带操、列队、分管室内操纪律。

宣传委员：负责每月一期的黑板报出版。

生活委员：每天放学前抹布的收集。吃水果时的湿垃圾收集，放进学校餐厅的厨余垃圾桶里。放学关北窗。

组织委员：班级活动的落实，收取课件，协助老师做好主持人的培训。

心理委员：处理班级的各种纠纷，安慰哭泣、伤心的同学。

安全委员：关注文明玩耍，关注一切存有安全隐患的行为，及时提醒，及时汇报给班主任。

劳动（卫生委员）：负责垃圾分类、教室卫生。

旗手、副旗手：检查班级红领巾的佩戴，若有不戴的，及时送上红领巾，并督促同学佩戴。

文娱委员：负责班级文娱活动，班级吹笛情况记录。

绿植委员：班上绿植的浇水、养护工作。

电教委员：每天多媒体的开关。

八位小队长：分别负责语、数本子的收发工作。

每一位班干部有事可做，有事可为。

我把每一位班干部所需要负责的内容，打印在一张白纸上，发给他们，及时召开班干部会议，让他们明白自己该负责的事情，不懂的地方及时提出。一开始，每周召开班干部会议，让他们畅所欲言，说说不懂的地方、遇到的困难，坚持一月后，可适当减少集会的频次。

我们的孩子，在竞选时信誓旦旦，但也会有官本位的思想，真正为班级、为同服务的心，需要班主任去引导。

我一直注意培养班干部的服务精神。小时候看豫剧，《七品芝麻官》里面的一句台词，至今印象深刻——当官不为民做主，不如回家卖红薯。这也是我对班干部的要求。

心近，四年级时成功竞选班长，每天义务为班级开关电灯、电风扇，没有一句怨言。只要外出活动，教室里没有同学，我们班的电风扇、电灯须及时关掉，不造成浪费，这一份责任她记得牢牢的。

防疫期间，学校需要分流，每班分成了六个时间段上学。最早的孩子，要求尽量在 7:20 左右上学，最晚的孩子，可以在 8:10 上学。哪八位孩子，需要这么早到校呢？我看家长朋友在选择的时候，都在往后面的时间段选，这可以理解,7:20实在太早。这时候,我呼吁:作为班干部,尽量克服一下,早点来。

心近、舒元、熙雯等同学,选了第一批到校。熙雯这孩子,让我特别感动。素来,这孩子上学是一个困难户,从一年级到现在,几乎掐着时间点进教室。我提醒多次,效果不大。问孩子什么原因,她支支吾吾告诉我,不是因为她睡得晚,是爸爸的问题。问了妈妈,妈妈却说是孩子的问题。有次,我忍无可忍,警告孩子:若再迟到或踩点进班,就把你班干部给撤了。威逼利诱下,这孩子每天终于能早个5～10分钟进教室,或偶尔踩点进教室。

当看到第一个时间段还空缺着,需要三位孩子时,熙雯爸爸给我发微信说:"许老师,我们已经和小高商量过了,她说,她可以克服的。"读到这样的信息,内心涌起一股暖暖的清泉。早起,对一位爱睡觉的孩子来说,本身是个挑战,而今,时间足足提早半个多小时,那不是一个更大的挑战吗?我很感谢熙雯爸爸妈妈对班级工作的支持。熙雯也做到了每天早到。

早到的同学,负责检查教室卫生,同时,趁教室里还没啥同学,扫一下教室。如此一来,早到的心近、舒元、熠宸、鸿煜等同学需要天天清扫教室,说辛苦的确辛苦。搞了一周后,舒元不愿意了,他就与同学说:"凭什么呀,我们要天天扫啊?"当这句话传到我的耳朵之后,我找到舒元,告诉他:"天天帮助扫地,的确有点辛苦!其实,也就五分钟左右的时间。你看,唐翌展、陈铭佳天天帮助盛饭,最后吃饭,凭什么啊?凭的就是一位班干部的公益之心。你作为班主任助理,不能只是嘴上说说,管管同学,你要带头干活。当官不为民做主,不如回家卖红薯。做班干部不是来享受的,而是为同学、班级服务的。"听了我的话后,他连忙对我说:"许老师,我以后一定会认真的。"后来,让他负责检查午睡区的小被子时,他没有一句怨言,每天认认真真检查,期末,拿到了优秀班干部的奖状。

魏辰,是鸿鹄班的生活委员。可是,工作真心一般,除了认真配合宣传委员徐逸航出黑板报这一项工作可圈可点,本该他职责所在的抹布检查和清理,几乎没一天能做到。谈话,找家长,见效甚微。后来,我正式警告:再不能完成这事,正式下岗。你既然竞选了生活委员,就得负责好这摊子事儿。

　　这下，他老实多了，一到下午第二节课下课时间，会把同学忘记在走廊上的抹布收进来，叠好，放在前窗的柜子上。

　　看着班上的班干部们每天如一只只勤劳的小蜜蜂般为班级服务，我这位班主任需要操心的事越来越少。

　　成绩不是衡量班干部是否优秀的唯一标准，讲正气，乐奉献，好学习，守纪律，乐服务，有责任，为同学、班集体服务，身先士卒，带头干活，这是我对鸿鹄班班干部的要求。

9 公益情怀，头羊带动

为什么我们的班干部队伍，如此具有为班级服务的精神？那是因为在我们班，有两只班级领头羊——铭佳和翌展。他们两位是优秀的代表，一直默默为班级奉献着。

班主任要拥有一双善于发现的眼睛，挖掘孩子身上的主动性和能动性。才刚进入一年级，我发现这俩孩子明显比同龄人成熟些。铭佳是一位内秀的孩子，个子高高，长相清秀可爱。她最大的优点，就是认真、负责、脚踏实地，交代给她的事情，能出色完成。少了什么东西，只要对她说一声"铭佳，去全爷爷（学校的勤杂工）那儿领一下"，她就会帮忙领来。有的时候，去一次不够，要去两次，甚至三次，她会不厌其烦继续去，直到领来为止。

管理午睡也好，看管作业也好，盛中饭也好，装垃圾也好，做英语课代表也好，她对待每一项工作都认真负责。每周行为规范分的登记，是一个繁琐工作，每到周五，她和昕玥两人做得丝丝入扣。瞧，铭佳简直就是一位大姐大呀！她是我的得力小助手，一个人干了多少孩子的活儿呀！

翌展则成熟稳重，为人正气，自身行为规范好，学习内驱力强，负责、敬业，但凡老师要求做到的，他一定率先做到。他身上最大的优点，就是方向感强，知道自己想要什么，该怎么做。他是一位为班级做事无怨无悔的孩子，从检查卫生到认领东西，是那种根本无须老师指挥就知道帮着干的孩子。比如说，饮水机漏水了，地上一摊水，他无须老师指挥，积极主动拿起扫把，独自用力干起来。用拖把拖呀拖，拖完了再去厕所清洗拖把，再回到教室继续拖，直到地上的水干干净净为止。这只是其中一件事，还有无数件这样的为班级服务的事。

这样两位热爱班级、工作负责的娃，在鸿鹄班中带动了一批孩子热爱班级，主动为班级做事，我轻松了许多。

在他们俩的带动下，涌现出了一大批乐于做事，不斤斤计较的同学。予栋、小泽、佑宸、笈弟、容川等孩子，不计得失，不怕辛苦，每天为班级默默地付出着，贡献着。

昕玥，是一位学习习惯、生活习惯特别好的孩子，作业干净整洁，作业本上低级错误几乎没有，每一个字一样大小，端正秀丽，也极少遗忘东西，学习成绩优异。

最难能可贵的是，这孩子还拥有一颗金子般的心，热爱公益，他爸爸妈妈常常带着她外出做公益，有时是宣传垃圾分类，有时是去社区为老人服务……她的那一颗公益之心，让人敬佩。她因此被评为校"热心公益好少年"。

挑选了一个月明星稀的晚上，他们三位进行了一个以"公益心·责任心"为主题的微讲座。

一是懂得感恩。幸福从来不是从天而降的。我们在鸿鹄班安心学习，背后是父母的辛勤养育和老师的教导；我们在家里看着疫情的新闻，背后是多少医护工作者和志愿者的舍身逆行；我们在享受美食、大快朵颐，背后是多少农民伯伯的"汗滴禾下土"。学会换位思考，我们会更加懂得珍惜和感恩。

二是善于行动。在我们周边，需要帮助的人、需要参与的事很多，并不是只有我们最初认知中的为贫困山区捐钱捐物。我们小朋友还在学习阶段，做公益可以从小事做起，从点滴培养。记得很小的时候，一个大雪过后天放晴的日子，爸爸要去单位扫雪除冰，把我也带在身边，一路上看到好多人连人带车滑倒摔跤，非常危险。爸爸开工后，我也主动请战除雪，虽然我力气小干的活儿不多，但这次参与，也让我感受到了自己的价值。从此以后，爸爸妈妈每次去做志愿者，都会把我带在身边：助力桐乡创卫、斑马线上的交通文明疏导、支援贫困山区的捐赠、街道社区的公益演出……这让我明白，公益，就在身边；公益，你我都可以参与。

三是享受付出。热心公益，看起来我们付出了物质、精力、时间，但我觉得，付出的同时，也收获了感恩和珍惜，收获了自律和坚持。全家人一起做公益,在为社会做出一份贡献的同时,也能享受到家人相互陪伴的时光,一举多得!在老师的厚爱和同学们的支持下,本学期我被评为学校的"热心公益好少年"。这是一份肯定,更是一份激励,鞭策我更加坚定地前行。(昕玥)

作为这个大家庭中的一员,我非常愿意为这个家付出。看到需要帮助的同学,我乐于伸出我的手;看到需要整理的教室,我喜欢把它变得干净整洁;看到乱哄哄的教室秩序,我希望它能变得井然有序。每天为班级服务的我,一点也不觉得这是付出,是辛苦,我觉得这是理所当然的,是光荣的,我乐在其中。这一切的一切都源于我的爸爸妈妈。从小我就知道,他们为了我们的家努力工作,尽可能地陪伴我,陪我学习,伴我成长。在这个充满爱的家庭里长大,我也有了一颗责任心、一颗爱心,学会了爱老师、爱同学、爱班级。我觉得责任源于爱。(翌展)

……

三位孩子做完讲座之后,我要求每一位孩子在微信里聊聊听后感受。同龄人讲,更能触动孩子们的心。

郭以轩:我要学习唐翌展的自律与好学,我要学习陈铭佳的爱班与负责,我要学习朱钱昕玥的公益心和责任心。

张舒元:我要学习唐翌展天天有规划地学习,爱为班级做事;我要学习陈铭佳天天为班级做事;我还要向朱钱昕玥学习,她连续三周不扣一分,自我管理能力太强了!

……

一位位孩子用语音发表感言,他们的心灵在净化,在升华。

一个班集体蕴含的正能量、向上的场、公益心和责任心,需要班主任悉心去培养。选择正气的领头羊,加以扩大强化,向前看齐,让孩子们明白前进的方向,再利用微讲座进行表扬和强化,是一种有效的手段。

10 抵制诱惑，整理垃圾

自从有了晚托班，孩子们一个个乐开了花。三节课之后，晚托班开始前，是每天的吃点心充饥时间。香气扑鼻的面包，松脆爽口的饼干，水润甜糯的点心……琳琅满目的美食，香味四溢。下午 4:30，上好三节课的孩子们，早已饥肠辘辘，此刻的美食就像最亲密的小伙伴，暖胃暖口。看，一位位一边欢乐品尝，一边开心交谈。民以食为天，这一刻，美食带给他们的幸福和快乐，洋溢在他们脸庞。

高兴之余，愁人事也伴随而至，50 多位孩子盛产垃圾也是多多！各色蓬松的包装袋、牛奶盒等，孩子们吃好后会把它们扔到盛放其他垃圾的桶里，须臾，垃圾桶肚子满满，包装袋溢出到外面。这一个卫生角落，垃圾满地，五彩缤纷的包装袋流落在外，不雅观。

从一年级开始，小詹一直是负责倒垃圾的同学。每一次都需要我叫她一声，才会想着去装袋、整理。再说，只有她一人整理，的确人手少了些。

铭佳真的是一位懂事的孩子，班级主人翁意识强。身为班干部，她身先士卒，挺身而出，帮助小詹一起做，把满满一桶垃圾装袋，打结，拿新垃圾袋套好，把落在桶旁边的垃圾收拾好。往往她刚做好这些事，刚放好的垃圾袋又满了，只能重新开始装袋。满满两大袋垃圾，忙得铭佳自己都没有时间尝点心。

办公室同事时常数说，每到晚托前点心时间，垃圾真多，包装袋堆到桶外了。问我们班如何处理，我自豪地说："我们班有同学义务帮忙，情况良好。"

铭佳后来不再参加晚托了，我正纳闷，该如何解决这垃圾问题。

某天，我看到孩子们品尝美食之际，予栋正在卫生角边热火朝天地忙碌着，他在整理，装袋，打结……活脱脱一位懂事大哥哥，在做铭佳以前做的事情。

"哇！宋予栋真乖呀！真像一位大哥哥！许老师为你点赞！"我由衷表扬。他是一位情商颇高的孩子，虽说目前成绩不算出色，但他和他妈妈从没有放弃过努力，日不间断地努力，一点点勇敢往前走，已有了明显进步。他与同学的相处和谐友爱，又踏实肯干，给同学留下了美好印象。

清晰记得二年级下学期，我们第一次试着竞选班干部，他选择竞选一道杠——小队长。当时竞选小队长的人员超级多，每一位孩子成绩都超过他，然而，他却凭借和善的态度、勤恳的为人成功当选。群众的眼睛是雪亮的，情商高的孩子成大器。

他再一次站到了为班级、为同学的服务之中。我由衷欣赏。

小詹本学期不参加晚托，只有予栋一人装袋，有些忙不过来。突然，我看见予泽加入了帮装垃圾的行列。两位家长给孩子不约而同取了一个"予"字，许是希望孩子能多给予人恩泽与奉献，这俩孩子爱劳动、爱班级的心可鉴。

说说予泽吧，一年级时学习非常艰难，学点新内容，他很难掌握，拉在身边教，他瞪着一双无辜的小眼睛，头转来转去，教起来太难了。慢慢地，他一点一点进步，我很佩服他那年轻的妈妈，每天悉心陪伴，绝不放弃的精神令人动容。花有迟开和早开，每一朵花都有值得浇灌的理由！

他在劳动上，一直非常认真，无论整理餐桌盘抑或拖地，都勤勤恳恳、一丝不苟。我时常夸他爱劳动。马卡连柯说，劳动永远是人类生活的基础，是创造人类文化幸福的基础。一个热爱劳动的孩子，以后日子一定不会过得太差。

每天，当众生品尝美食时，两位帅哥有时匆匆拿了点吃的放进嘴里便开始劳动，有时顾不上自己吃就开始劳动，默默为班级做事。

放学了，当其他同学开始排队的时候，他们两人再次整理卫生角，拿起垃圾袋，去扔垃圾。学校的垃圾箱摆放在篮球场上，离我们的教室比较远，一来一回，需要不少时间，导致许多时候我们大部队已到达接送区，他们两位却还不见踪影。予泽爷爷常常会问："许老师，予泽还没出来？"我就告诉爷爷:"予泽帮忙倒垃圾去了,您等等哦!马上就会出来的。"过了一会儿,他们才气喘吁吁出来。

一周四天,只要有晚托的日子,他们每天都坚持这么做。做一天好事是容易的,难得的是天天这么做。苏霍姆林斯基说,用劳动创造美的时候,美才能使人的情操更为高尚。

一张小小的班级义工的奖状,是对他们默默劳动的认可,更是对他们高尚人格的赞赏。

11 打铁自硬,参与管理

每天的一日常规,从早读开始记录,涉及早操、每一节课的课堂表现、眼操、午餐、午间活动、晚托等,每一个时间段都有专人管理、专人记录(详见下表)。

时　段	学生表现	老师打分	记录人
早　读			
早　操			
第一节 (　)			
第二节 (　)			
眼　操			
第三节 (　)			
午　餐			
午间作业			
午间活动			
第四节 (　)			
第五节 (　)			

续表

时　段	学生表现	老师打分	记录人
眼　操			
第六节 （　）			
晚　托			
卫　生			
自　理 （文明玩耍、其他）			

忘带学习用品的，单独列一项，直接由各组的组长进行记录。

每天下午，我都会抽出一定的时间，总结一天的行为规范，让孩子们明白这一天中哪些做得好，哪些有不足，并提出殷切希望。战胜自己不是一件容易的事情，让孩子们在每天的自我挑战中得到提升，收获希望。

每到周五，将进行一周行为规范分的统计，看看谁表现好，谁表现不好。陈铭佳和朱钱昕玥埋头统计，她们两个已经是熟练工了。没有多久，就会以画正字的形式统计好。现在为了减少陈铭佳为班做事的工作量，我让她带个徒弟。经过精心物色和挑选，最后选定了做事认真、踏实的沈佳烨作为她的小帮手，由她和昕玥进行统计。

孩子们用画正字的方式，统计出一周扣分。

根据整一周的表现，我首先肯定一周没有扣分的好孩子，邀请书法好的同学负责表扬信的书写，给他们发小奖状，拍照合影留念，以资鼓励。

最重要的是，需要在行为规范好的同学中，挑选出下一周管理班级的人员。打铁还需自身硬，只有先自己做好，先把自己的行为规范管好，方能去管理别的同学。这是一种甄别管理人员的制度。我不希望一个自身做不好的孩子，站在讲台上指手画脚地监督同学。上梁不正下梁歪。

每到周五下午，是孩子们最为期待的时刻。下一周班级管理人员出台了。孩子们分外喜欢站在讲台管理同学的感觉，但只有先把自己的行为做好了，方能指点江山。

第五周鸿鹄班管理人员

午睡：张洪翊、易子昕、魏王珺。

早读：张舒元、杨陈蓉。

晚托：夏雨萱、马路傜。

卫生：邱金依柠（上午）、李赞（下午）。

午间作业：郭以轩、朱钱昕玥。

管擦黑板：沈嘉懿。

纪律（文明玩耍）：吴天欣、陈铭佳。

只有善于自我约束的孩子，才能更好地监督别人！

我把一周管理同学的名单写在一张粉色纸头上，张贴在教室前面的布告栏中，让每一位孩子看得清清楚楚。

每一次排班级管理人员的时候，我首先录取一周一分不扣，做得一丝不错的同学。一般来说，文明内秀遵守纪律的女生，不容易扣分，担任管理人员的概率相对比男生高。我会根据每一位孩子的性格特点、能力特长，安排适合他管理的岗位。比如原本成绩一般的小懿、小柠都站到了管理岗位上，我就根据孩子内秀、不够自信等特点，安排管理擦黑板或者搭配能干的同学，慢慢训练他们的胆量。

男生一周做到不扣分的孩子较少，基本是两到三个。我会适当控制一下男女生的比例，尽量避免一周管理人员被女生包揽的局面，扣一到两分的男生也有机会站到管理人员的队伍来，若出现分数并列的情况，上一周已轮到过的孩子先靠边休憩，连续两周或三周已担任过管理人员的孩子先暂停一下。这也是为了让更多孩子有机会参与班级管理。

名单出来之后，先让优秀的小干部进行培训和指导，强调在管理的同时，对自己要求必须高，尽量做到不扣分。自己担任管理期间，扣分超过四分及以上的同学，马上从岗位上自动退下，让下一位同学顶替。

当看到有同学行为规范有进步时，基于表扬原则，我会把进步孩子的名单写在管理人员的粉色纸头上，发一个小奖状，以资鼓励。

瞧，调皮蛋一立，每一周的行规比赛，总是丢分多多。可这一周才扣了忘带东西的一分，多么不容易！

看，小皮蛋小C，他的抽屉卫生和包干区卫生，令人一言难尽。书包乱丢，地面一塌糊涂，这是他的家常便饭。我多次拍照给家长看，黑板上也记录他名字。现在他的家庭重视了，让他每天在家搞卫生，培养习惯。只有想不到，没有做不到，当家庭重视后，孩子的改变自然是大的，果不其然，在卫生上取得了很大进步，这一周行为规范扣分只扣了三分。对于向来扣八分以上的孩子来说，实在进步不小。

来来来！给他们两位授个奖吧！我写了两张小奖状，奖给了他们两个。两位可激动开心了，笑得如山茶花般灿烂。

小柠也成为了管理榜常客。单从学习来说，她各科明显处于劣势，可是她遵守纪律，不为班级添堵，平时扣的行为规范分少，这也是她的亮点。

打铁还得自身硬，让行规好、善于管理的孩子，成为鸿鹄班的班级纪律监督人员，在班级形成一股浩然正气。

12　行动支持，暗中指点

4月20日正常复学后，四年级不再去新餐厅就餐，开始在教室吃饭。在新餐厅驾轻就熟的盛饭套路，又要重新规划了。

征得当事人同意，我选出了两支鸿鹄班的中饭公益团队。

一支为盛饭公益团队，由陈铭佳、唐翌展、王朱靓、沈佳烨、徐雨彤组成。除了沈佳烨，另四位为班级服务将近一年，一个个手脚麻利，动作娴熟，盛饭菜时不拖泥带水，效率高。每天默默为班级付出，等所有同学盛好后再吃。我问佳烨，你愿意吗？她朝我郑重点点头，说愿意的。

一人在教室管纪律兼叫第几排出去盛饭，一人在走廊上管纪律兼捡掉下来的米粒。三位盛饭、菜和汤。

一支为整理饭盒公益团队，由李赞、高熙雯、黄睿涵组成。他们三位最先盛饭菜，帮盛饭公益团队的五位同学及自己盛好饭菜，先开吃。盛饭团队的工作结束后，整理饭盒团队闪亮登场，帮助添饭菜，监督同学倒饭菜时遵守纪律，尽量避免把菜、汤倒在外面，整理盘子和勺子。

民以食为天，午餐对新陈代谢旺盛的青春少年来说，非常重要。两大公益午餐天团为鸿鹄班安静有序的午餐做出了奉献。

盛饭公益天团的岗位是轮流的，最艰巨的任务就是在教室里管理，站在讲台前指挥。哪一列最安静，哪一列先去吃，这是我们定的大方向。孩子们此刻肚子咕咕叫了，都想早点去盛饭。一般情况下，都坐得比较端正，此刻，要辨识那一列坐得最好，喊哪一列先去吃饭，有一定难度。

雨彤是个内秀的女生，这个学期，让她在教室里指挥哪一列先去吃饭，的确是个考验。这一份考验，主要来自同学的意见。

某一天，我刚吃好午饭回来，有同学跑来告诉我说：第八列同学集体闹意见，不高兴去盛饭，说是连续三天轮到最后吃，觉得不公平，不想盛了。总共有八列，在同学们相对都坐得还不错的情况下，让哪一列先吃，的确是门艺术。而这个年龄的孩子，对于自己所处的那一列或者有自己好朋友的那一列，往往觉得坐得更好。这也得怪我，事先没有想到这些细节，更没想到四年级的孩子，竟会如此公然抗议。

首先，在行动上，我无限支持盛饭公益天团的成员。不管怎么样，他们每天最后吃饭，天天付出辛劳，这一份对班级的公益情怀，为班级付出的心，令人动容。

我走进教室，了解情况，带头抗议的是身为大队委员的小朱以及班主任助理小张同学。小张最先说，凭什么我们组又是最后？坐他前面的小朱，也紧跟着说，凭什么我们组又是最后？马上又有几位同学参加到这个"应援"队伍，这一列七位同学以不盛饭表示抗议。

我劈头劈脸一顿训斥："盛饭的五位同学天天最后吃，天天忙着做事，你们连续三天晚吃怎么了？为什么总是最后吃？肯定你们坐得还不够好，坐好了，难道同学看不见呀？我是支持徐雨彤的！你们想吃的就出去盛，不想吃的就拉倒！身为班干部，带头闹事呀！闹什么事！……"其他同学自知理亏，一个个灰溜溜出去盛饭了。擒贼先擒王，小张和小朱两位带头闹事的同学，被我叫到了前面，一顿批评。身为班干部，一点集体主义概念都没有，公然反对为班级付出的同学，这像一位班干部的样子吗？有意见和想法来与我沟通呀！不沟通却闹事，这算什么英雄好汉！

小张意识到了自己不对，站在那里泪眼汪汪，向我道歉说："许老师，我做错了，我以后一定不会这样了。""好了，既然道歉了，那就下不为例，有事情，先来与我沟通，不要采取这一种极端方式。"他边流泪边频频点头，一副愧疚不安的样子。"既然意识到自己错了，那就盛饭去吧！"

在小朱同学潜意识里，妈妈是班主任的优势多少存在，一副无所谓还觉得有理的样子。他说，他不想吃饭。那就别吃了，我明确告诉他。王晓春老师说：现在的孩子都是营养过剩，饿一顿出不了问题的。我是妈妈，自然也心疼。但在原则和理面前，我藏起了妈妈那一份小爱。班干部不以身作则，带头闹事，那当什么班干部？这不正之风该刹。我把他请进了办公室，劈头盖脸继续训斥，一点也没有给他留颜面，让他写了一份检讨书，反思自己的问题。一位孩子在班级里有意见是可以的，要学会心平气和地反映问题，带头闹事，实在不应该。

午间作业课，取消去上，我命令他在办公室反思，丝毫不去理会他肚子是否饿，既然自己选择不要吃，那就不吃吧！整整一个下午，我没有去问肚子饿不，也没有给他任何可以吃的东西。希望他能铭记这个教训：在这个教室里，任何个人没有特权，有意见可以提，但不能用这种方式表达。

我去教室里，把盛饭天团的五位孩子叫到身边，与他们说："你们每天帮助盛饭，辛苦了！我支持你们！"然后告诉他们，若这一周轮到教室里管饭时，可在一日常规的记录本子上，记下每一列吃饭的顺序，用阿拉伯数字标记一下，比如38754621，那第二天再管理时，同学们都坐得较好的情况下，可以倒过来或者尽量与前一天顺序不同，尽量避免某一列总是最先吃或最后吃。

"为班级付出的过程中，的确辛苦，也需要多动动脑，有困难记得来找我。"经过我的指点，午餐盛饭天团的孩子，的确越来越能干了。

从那以后，午饭安静、文明、有序，内秀、胆怯的雨彤，因有机会站到了讲台前，胆子大了许多，人也能干阳光了。

餐盘整理天团的同学那么尽心尽职，每天中饭一开始，手拿两个餐盘盛好饭菜后放到同学桌上。匆匆吃好后，睿涵总是来到盛饭菜的桶边，帮助添饭菜的同学添饭菜。倒饭菜时，他站在桶边，监督同学是否光盘，菜汁汤汁有没有洒出来，有条不紊地指挥着。整理餐盘的熙雯和李赞，监督同学餐盘是否放整齐，把勺子朝一个方向，放得如一朵花一般……

一个班级的正确运转，背后有许多孩子在付出。班主任精神上、行动上的支持，至关重要，出现问题，再暗暗指点，提升孩子们的管理能力。

13 公益邮电，奔波忙碌

除了午餐公益天团每天默默为班做事，另有一个团队，每天也是悄悄为班级付出，那就是以孙一立为首的邮电团队。孙一立、张书瑶、杨陈蓉三位孩子，每天如辛勤的小蜜蜂一般，从专门存放报刊的地方拿取鸿鹄班的报刊，蚂蚁搬家一般搬到班级，再一一分发到订阅同学手中。凡上学期间，每天不间断，日复一日。扳指细数，这一份工作量，实在不小。

要分发的报刊真多：美术类有《缘缘漫画》，订阅的同学有30多位。语文有《小学生优秀作文》，也有将近30位同学订阅。《小学生时代》，订阅的同学更多，有40多位。这些虽为月刊，但一本一本发，需要较长时间。班级还有各类小记者，《南湖晚报》的15位小记者都订阅了报纸，需要天天下发，工作量蛮大。《浙江小作家》的15位小记者，《少年作家》的2位小记者，差不多每两月有一本杂志要发。

再说，还是牺牲他们宝贵的中午休闲时间。每天在校的学习紧凑忙碌，唯有中午吃好饭后时间略略空余，可是，他们却需要为班级服务。

为了发放方便些，我给他们打印了一份名单，让他们自己保管，发时对照名单，给他们的工作减少了难度。三位同学团结协作，互相配合，我总看见他们忙碌地分发报刊的身影，充实有意义。

一立二年级时竞聘上邮电局局长，我常常感动于他的认真负责。另两位可爱的小女孩，是我帮助一立招募的。我就是看中她们两位小姑娘的勤快。虽说成绩上，她俩在人才辈出的鸿鹄班中没有多大优势，存在感不是很高，但我看到了这两位女孩闪亮的地方：那就是爱班级，乐于为班级做事。

可爱的陈蓉姑娘，情商高，有趣，喜欢看科技类的书，知识面广博，这是一位不断努力、不断进步着的孩子，从一年级时的听写错误很多，到现在各科学习日渐优秀。这是一个努力奋进着的孩子，为了把字牢牢记住，早晨连刷牙时间都在看易错字。这个孩子还懂得感恩，去海南的时候，还给老师带来了芒果干，她与她妈妈说，老师们爱吃芒果。这么懂事可爱的女生，应该让她在班级里找到存在感。

书瑶同学，是一位长相甜美的可爱女生，作业速度慢，但学习很努力，如蜗牛一般，一点点在努力前进。她很乐意为班级做事，对以前的数学课代表工作也是尽心尽力。

邮电局，三人团。我常笑称，一立这个邮电局局长，是熠熠生辉的太阳，两位小姑娘是他的助手，是闪烁明亮的月亮。

看，中午的劳动情境图：可爱的一立蹦跳着，拿着一张张报纸，一会儿露出微笑快速发着报纸，一会儿低头查看名单，一会儿机灵地寻找着同学；两位女孩，时而讨论，时而送着报刊……看着他们忙碌的身影，我总不忘表扬几句：这个邮电局，认真负责！

后来，为了节约时间，每天午饭的等待时间，一立总是早早下去拿报刊。连旦晨也加入了邮电队伍，午饭时两人先去拿报刊，放在老师批作业的桌子上，等吃好午饭再发放。把静坐等盛饭的时间也合理地利用进去了，效率更高了。

学校正处于扩建阶段，在一个临时场所摆放报刊，时常看见领导在微信上提醒各班班主任赶紧去拿报刊的信息，而我班邮电局的孩子们每天辛劳工作，及时取走，很少给班级、给我增添麻烦。

日不间断，日复一日，邮电局的孩子们，为你们每天的辛勤，点个大大的赞。一个和谐美好班集体的正常运转，离不开一些特需岗位的设置，更离不开这些孩子们的辛勤付出。

列夫·托尔斯泰说：一个人若是没有热情，他将一事无成，而热情的基点正是责任心。如果一个人有了责任心，那么他会努力把每一件事做得完美。

孩子们的责任心，就是在日复一日为同学们的付出中日趋完美。

14 拖地团队，齐心协力

搬进宽敞明亮的新教室，是一件幸福快乐的事情。后面有一组高高的柜子，靠窗有3排共51个小柜子，孩子们不经常用的学习用具、午睡用品，统统装进小柜子。

一开始，发现孩子们一股脑儿乱塞，小被子小枕头装在一个环保袋中，袋绳也不打结，随意地放着。我让孩子们一定要打好绳结，且绳结这一边朝里，让张舒元同学专门负责小柜子的检查和整理。

新教室的地面为淡淡的鹅黄色，清新、时尚，可是太不耐脏了。铅笔屑不小心掉地上，就会留下黑黑的印痕。椅子、桌子下面垫着的都是黑色的脚垫，桌椅一推动，地上就会留下乌漆漆的痕迹，整个教室看上去肮脏不堪，令人不舒服。

扫、拖、抹，各种招数用了，似乎成效不大，刚刚把地弄得干干净净，过个两天，甚至有的时候只要下去做一个早操，教室就脏兮兮一片，得重新再拖。

每一位班主任都叫苦不迭，受累于这样的地面，怎么办呢？怎么做，才能让我们的教室地面保持干净？某天，去二年级的一个教室开会，发现他们教室的地面明显比我们教室干净。老师们的眼睛一探索，发现了一个个袖珍小扫把和小畚箕。咦，用这个小扫把清扫教室灰尘和垃圾，会干净好多，不像大扫把，小灰尘不容易扫除，拖把上还容易沾上灰尘、头发，有的时候明明扫干净了，还会落下一些毛发。袖珍扫把面对细小灰尘，清扫能力明显更强。

拿来主义，同事的好经验，我不是可以借鉴利用吗？我先让家委会佳烨妈妈从网上买来45把小扫把、小畚箕，作为奖品奖给孩子们。孩子们拿到小扫把、小畚箕，一个个开心又激动，纷纷清扫自己桌上的橡皮屑或地上的小灰尘。我鼓励没有拿到奖品的几个孩子自己去网上购买。

我进行了改革，每天中午的劳动时间，每一位孩子首先承包自己座位区域的卫生，用小扫把、小畚箕清扫干净，再用抹布清洗桌面。

什么时候拖地呢？这是一个很关键的时间点。若拖地的时候，教室里有同学，往往拖把伸不到桌子或椅子底下，拖不干净，拖地的水还没干，来往的孩子们鞋子一踩，很容易留下一个个黑漆漆的鞋印，教室犹如一张大花地图一般，很脏，很难看，比不拖还令人看着难受。拖地的时候，教室里最好没有同学。

原本教室拖地只安排了佑宸和容川。这俩孩子每天拖地认认真真，有模有样。每天开始早读的时候，他们两个就开始出来工作了，这时候全班同学正坐在教室里早读，他们两个细细地拖，用力地拖，一丝不苟地拖，把前面讲台边、过道上的黑色的印记拖干净。

偌大的教室，只安排两位同学拖地，少了些。虽说，他们俩在鸿鹄班属于优等生，但总影响他们早读，也不是长久之计。

我决定成立一个拖地团，重新安排了几位力气大的男生——王诚斌、黄睿涵、钱予泽、徐宇梵，连同朱容川、黄佑宸。这几位男生，热爱班级、愿意为班级做事的心可鉴，让他们为班级服务吧！

我安排了两个时间段，早晨的早操时间和中午的大课间活动时间。早晨的时间段是不定期的，当我发现教室比较脏时，早读预备时让他们拖一下。

重点是后面这一个时间段，这是我们每一天细细拖地的时间。每天中午作业整理好后，每一位孩子整理好桌面，不留任何物品，椅子往前推，去走廊上排队，拖地团的六位帅哥则快速找来拖把，给教室洗脸。这时，教室里已经没有了同学，脏的地方看得清清楚楚，拖起地来方便利索。拖地留下的水迹通过窗户通风能速干，等同学活动好进教室便不容易踩脏了。六位同学的拖把同时开动，打扫好教室也就五分钟左右，教室立马变得干干净净，也不影响他们的午间活动。

看，诚斌同学，力气大，运动好，拖地认真，两只手拿着拖把，左右前后用力地拖动着，地上黑乎乎的痕迹，瞬间变淡了。

予泽也一样，拖起地来，一丝不苟，不放过任何一个细小的地方。

睿涵做一样像一样，我没少表扬他。

宇梵，是个爱劳动的孩子。他经常会跑来问我：许老师，今天需要拖地吗？……

我经常表扬他们，表扬他们对班级的热爱，表扬他们为班级做出的贡献，表扬他们是班级的小主人。

孩子们下去做操的时候，我交代他们，没有重要的事情尽量不要去草地上，若前几天下过雨，鞋上容易粘泥。若你的鞋子不小心粘了泥，请想办法把鞋子弄干净再进教室，若弄脏了教室，一定要及时用小扫把、小畚箕清扫自己的区域。

齐心协力，打造一间干净明亮的教室，处身于这样的环境，我们才能更好地学习、生活。感谢每一位为班级付出的孩子。

15 教室装水，义工帮忙

说起班级里的纯净水装水，可有一段长长的故事可以书写。刚入学时，我总是逮着搭班姚老师，让他帮忙装。年轻力壮的青年男老师，这个优势不发挥一下怎么行？姚老师为音乐老师，办公室与我们不在同一幢楼，许多时候桶里没水的时候，他又不在，我也不好意思特意打电话去请他过来装桶水。带鸿鹄班之前，我一直在带高段，从来都是学生自己装，我无需操心。

没办法，只能自己来学装水了。我装水时，四周时常围着一群孩子。他们告诉我，先要把上面那一张厚厚的膜撕掉，可我怎么撕也撕不掉。有孩子告诉我，要用剪刀剪。我赶紧借来剪刀，剪掉厚膜。我使出浑身力气紧紧抱住饮水桶，没想到沉甸甸的水桶我竖不起来。孩子们看见我力气小，赶紧过来帮忙，一起抱起水桶，借给我一些力，让我顺利地倒竖起来，啪嗒一声，装到纯净水机上。

每一次的装水，都是一幅和谐的师生共同劳动图。

水到渠成，随着我装的次数增多，我的技术越来越娴熟。一般只需两到三位孩子过来帮忙，共同努力，就能很快装好。

装满水的水桶怎么拿到教室呢？我又扛不动。办法总比困难多，孩子们采取了让水桶滚的方式，把水桶横放在地上，用小手轻轻一推，桶就会慢慢朝前滚去，一直滚到我们教室。当然，有次滚的时候，孩子多，太用力，导致了水桶漏水。我告诉他们，滚的时候，两位同学即可，不要如蚂蚁搬家般围着许多孩子，越是人多，越不安全。

二年级了，有几位男生仗着自己力气大，试着自己去装。我看他们年幼，就拦了下来。亦有几次，孩子们上完室外体育课，运动量大，又渴又累回到教室想喝水，水桶里滴水不剩，找我，我恰好不在办公室，情急之下，几位孩子互相配合，自己装的水。有次，我看见上午较空的水桶，突然变成了满满一桶水，就问他们："今天姚老师装过水了？""不是，是朱笺弟、黄睿涵、金乐轩、金煜翔一起装的。"顿时，我张开嘴巴，瞪大了眼睛，分外惊奇："啊？你们自己会装水呀！怎么装的呀？"孩子们告诉我，是一起合作装上去的。我很为他们骄傲，同时叮嘱他们：你们还小，纯净水桶重，若没有水了，看见男老师可以让他们帮忙一下，万一水桶没拿住，掉下来砸到你们的脚，那可怎么办呢？

某些时刻，孩子们嘴巴干，又找不到老师帮忙的时候，他们依然会互相合作，自己装水。

三年级上学期某一天，我问："谁愿意做装水小义工呢？"举手的孩子颇多。鸿鹄班的孩子，最让我动容的就是集体观念强，爱为班级做事。我根据申请同学的个子高低、力气大小、做事的责任心，最终选定了人高马大的黄睿涵、金乐轩作为我班装水小义工。

这俩孩子可负责了，一看到没有水了，就会把空水桶拿下来，放置在专门放水桶的地方，把装满水的水桶滚回自己的教室，两人合作，一起装到纯净水机上。慢慢地，随着装水的次数增多，两位孩子技术娴熟，可以很轻松地完成这一项工作。

也有几次，纯净水机上的水桶里滴水不剩了，两位小义工没有关注到，没有及时更换，又恰逢上完体育课，全班孩子又干又渴又累，想喝水却没有水。一开始，同学们会抱怨两位小义工，向我告状。我总是这么说："我理解你们的嘴巴渴，难道装水的两位不渴吗？要知道，他们两位是义工，没有责任也没有义务一定要帮我们装水。我们对他们只有感谢，没有指责！"这俩孩子听我这么一说，原本愧疚的脸明朗了许多。其他孩子听我这么一说，脸部表情开始放松，不再抱怨，以后但凡遇到诸如此类的事情，也没有同学再责怪，而是与他们两位心平气和地说。

对于装水，我无需再过问和操心，两位孩子会时常关注教室里饮水机有没有水，在水量不多的情况下，会尽量在上体育课之前换好水。进入四年级，我们新搬了教室，教室后面柜子里有专门放纯净水机的地方，柜台面是光滑整洁的大理石。缺憾是桌面比较高，装水不是很方便。四年级上学期，我专门搬来一把椅子，放在教室前面黑板边上，把纯净水机放在椅子上，这样的高度，给俩孩子装水带来了方便。等到四年级第二学期，俩孩子身高早已蹿到一米六多了，我这才把饮水机放到了后面的柜子上。这个身高，他们装水已绰绰有余了。

学期结束授个奖励，平时加菜时给小义工多加点，经常表扬他们为班多做事……智慧的班主任善于挖掘每一位孩子爱班级的心，帮助他们寻找存在感，实现他们的价值，而不是一味盯住他们的成绩。

班级无小事，义工来帮忙。一个又一个的小助手，发扬了他们的主人翁精神，同时也让我的工作提高了效率。

第五辑

多元的破解之道

　　寻找到中等学生的发展之道,是智慧班主任的带班艺术之一。

　　稳固中等学生的队伍,与之结成联盟,这是班级各方面赢得胜利的关键点。

1 打超高分，魔力语言

下课铃声响起，可爱的朱峻熙进来了，他站到了我的身边，朝我眨巴着眼睛，似乎有什么心事想与我说。

"怎么了，熙熙？有事吗？"我问他。

"我的眼睛不知怎么的，一愣一愣在跳呢！"为什么他来问我这个呢？他想祈求什么样的帮助呢？再过一段时间，他可要参加桐乡市棋类比赛了。要知道，前一年他在桐乡市国际象棋比赛中荣获了第六名的好成绩。那我给他一个什么样的暗示，能够给他一些鼓励呢？

"哪一只眼睛呢？左眼吗？"我问道。

他说："是的！"我还知道，这位孩子眼睛过敏一直比较厉害，估计眼睛不舒服，想来告诉我一声。

"你知道吗，这是一个好兆头，有一句话说，左眼跳财，右眼跳灾！你看你，棋类比赛的好兆头哦！你可要好好加油哦！"我笑着与他说。

孩子听我这么一说，欢天喜地回教室去了。一句充满魔力的话，让孩子很长一段时间都是好心情。孩子妈妈告诉我，孩子回家与妈妈说起这件事的时候，超级开心。

下午，道法课上讲到了做家务，我鼓励孩子们多做家务。做家务能培养孩子的独立生活能力，养成勤劳的作风，培养劳动的技能。

要不，现场指导孩子们做家务吧！我教孩子们折叠上衣。教室里顿时沸腾了，一位位脱下外套，磨刀霍霍的样子，准备拿一个大奖。

我先让朱笈弟把外套借给我，我在讲台前演示，上衣应该这么折叠：先把扣子扣起来，两边往里折，把帽子放在里面，再对折，折成一块齐整的豆腐干。我演示了整整两遍，现在的孩子，在家衣来伸手、饭来张口，

第五辑 多元的破解之道

家务能力实在不够。在我的指导下，孩子们开始在座位上试着、折着。

激动人心的时刻到了，开始比赛了，孩子们迅速折好衣服，叠好。我让折好衣服的孩子们拿着衣服上来，我进行检验，我们不仅仅比速度，更要比折的质量和美观程度。

我开始给孩子们的折叠打起了分。

你叠得真好，100分！哇！下面发出了惊叫声。

你叠得真好呀！110分！

当我说出110分时，同学们不约而同一声赞叹，被表扬的同学喜笑颜开。

哇！你叠得简直太完美了！200分！杨陈蓉同学折的衣服，四四方方，整齐好看，我送出了一个超级高分。听到如此高分时，全场一片沸腾，尖叫声、喝彩声、羡慕声此起彼伏。

可爱的依柠同学拿着她的运动装衣服过来了，叠得方方整整，我赶紧为她打了200分，还不忘摸摸她的小脸蛋说："这位小美女，真能干呀！以后肯定是位好妈妈！向未来的好妈妈致敬！"全班同学不约而同地鼓掌庆祝。这位徘徊在及格边缘的女孩，一听到我的表扬，两只眼睛眯成了一道缝，笑得灿烂……当然也有得低分的孩子，未按照我今天教的方法，而是贪图方便，顺手一叠，我就打得相对较低。高分的孩子特别多，有几位孩子嫌自己的100分还不够高，又回去叠了一次，问我："许老师，我现在的可以得几分呢？"

嗯，非常棒！可以得200分。哈哈……立刻欢乐得如一朵花，一脸灿烂地回到自己的座位。

正当我们意犹未尽时，下课铃声响了，我挥手与孩子们道别。

瞧，刚刚得了超级高分的欣怡，一直比较内秀，她满脸春风，满心欢喜，给我送来了她妈妈亲手做的一个面包。"宝贝，许老师肚子不饿，你自己吃吧！"内秀的她硬是把面包塞到了我的手中："许老师，这可是我妈妈亲手做的哦！你一定要品尝一下哦。"

依依拿出了一块小小水果送给我吃。我告诉她：许老师太幸福了，谢谢你哦！

列夫·托尔斯泰说，欣赏别人需要爱心，被人欣赏需要魅力。智者尊重每个人，因为他知道人各有所长，也明白不易。学会欣赏每个人会让你受益无穷。教师口袋里有的是欣赏、分数和鼓励。超高的分数，给孩子们欢乐和欣赏。充满魔力的鼓励语言，犹如一朵朵盛开的鲜花，给了孩子们心头久久的温暖。

2 花五分钟，吟诵经典

积少成多，聚沙成塔。用好每一节课一开始的五分钟诵读经典，给予孩子们的语文学习大大的能量补充，增加他们的文化底蕴，丰富他们的生活。

带鸿鹄班四年，我上的每一节语文课、道法课，当上课的铃声悠然响起，无论老师有没有走进教室，主管经典诵读的朱容川同学都会端坐在座位上说："请打开《经典诵读》第×页，一起朗读……"他清脆宏亮的声音之后，是全班同学整齐的诵读经典的声音。这声音如美妙的乐曲，如清脆的黄莺歌声，如纯净的天籁之声，飘荡在鸿鹄班的上空，教给他们做人的道理，锤炼了他们的记忆力。

每一节属于我的课，我从不需要急匆匆步入教室。我慢条斯理地手捧课本，踩着诵读经典的琅琅书声，迈着轻快脚步，翩然走进教室，微笑着扫视每一位正认真吟诵的孩子。静静聆听孩子们朗读经典的美妙声音之后，我从容地让孩子们打开《经典诵读》，开始引导孩子们学习新的经典诗词，朗读、讲解意思、赏析、正音……有条不紊地开展。一开始孩子们只是为了读而读，不了解意思，死记硬背。为了让孩子们能在理解的基础上吟诵，每一首诗我都会细细讲解一下意思。

《小学生小古文100篇》犹如一个坚硬的骨头，啃下着实不容易。遇到离孩子们的成长背景比较远的小古文，我常常分三步走：第一节课的前五分钟，教孩子们读熟，读顺，读溜；第二节课的前五分钟，会逐字逐句对照译文给孩子讲解小古文的意思，让孩子们对小古文有个基本了解，领悟小古文的主题，理解小古文中的哲理和思想后再反复诵读；第三节课的前五分钟，熟读成诵。只需三节课，用好每节课的前五分钟，轻松拿下一篇小古文。

遇到晦涩难懂的小古文，比如《曾参教子》等，我会先录制语音微课，教孩子们如何断文停顿，逐句讲解意思。约八分钟的音频微课发在班级群中，让孩子们利用吃晚饭、休息、临睡前等时间收听，提前对内容有所了解。等真正利用课堂前五分钟去讲的时候，孩子们事先有了一个接触和渗透，找到了熟悉的气息，诵读起来会有清晰明朗的效果。

字正腔圆、铿锵有力的五分钟诵读之后，我们开始进入语文课或道法课的学习。

只是短短五分钟，丝毫不影响我上课的进程。表面上每节课少了五分钟，然而，五分钟，大课程，这是一个养根的活动。

"汝果欲学诗，功夫在诗外。"利用这五分钟，我一路带着孩子们背完了《三字经》、《弟子规》、《经典诵读》第1—8册、《小学生小古文100篇》、《宋词100首》的前50首。一首首经典诗词、古文，在一节又一节的课始五分钟时间里，反复诵读，组成了一首首鸿鹄班所特有的诵读交响乐。

不断温习，新教一首诗或古文前，都会复习前一首诗或古文。每读完一本书，我们会有一个隆重的结课仪式，或者进行每学期的古诗词考级过关或诵读表演。过关时每一组的同桌即为评委，我为总考官。我在上面报一首诗名，同桌当起了考官，让同学背作者和古诗（古文）的内容。过关的同学，给他颁发考级证书，同时置备些小礼物，拍照、合影、留念，以资鼓励。然后，兴致勃勃进行下一本书的诵读。

日不间断，日有所诵，兴致勃勃，从不放弃，并伴随考级、发证书、奖励等有效手段，不经意之间，走过四年时间，鸿鹄班的语文素养成为了一座高峰。

3 加个前缀，增加名额

第多斯惠说，教育的本质在于激励、唤醒。每一位孩子心底都有做好孩子的愿望。正向引导，能让孩子们朝向更美好的明天。要让一个班级活力四射，成为一个凝聚力强、学业优秀的班集体，除了抓好两头，培养优秀生，关注弱势生，更要想尽办法，利用一切可以利用的机会，给予中等或中上学生以机会，唤醒他们的潜能。

每学期，学校分配给班级的风雅少年（班级最高荣誉，等同于三好学生）的名额，只有14位。还有一份荣誉为风雅特长少年，即单项奖。根据孩子的申报，任课老师、班主任进行审核，在风雅特长少年后面的括号中填上相应的单项名称即可。

一个有56位孩子的大班，人才济济的鸿鹄班，优秀娃云集，14位风雅少年远远满足不了众多孩子的内驱需要。怎么办呢？我思考了许多，决定评选一定比例的班级风雅少年。班级风雅少年的奖状哪里来呢？其实，不用很复杂地去自己打印，只需在风雅特长少年后面的括号里写上"班级风雅少年"这6个字即可。当然，还要给各位家长附上一段文字说明：

有关风雅少年与班级风雅少年的一点补充说明：

（1）鉴于鸿鹄班优秀孩子云集，受学校评选风雅少年的名额限制，欲在班级评选一定比例的班级风雅少年。

（2）同为风雅少年，享受的权利与负担的责任与校风雅少年相同。

（3）请家长朋友无需在亲朋好友、孩子面前强调这是班级风雅少年。在我看来，同等优秀，只是受名额限制而已。

校风雅少年，学校统一组织摄影留念，塑封，上面写一行溜红大字——某某学校第几学期某某班风雅少年。我用手机给荣获班级风雅少年荣誉称号的孩子摄影留念，让家委会去冲印、塑封，并同样题字，送到这些荣获班级风雅少年的孩子手上。但凡要求风雅少年做到的事项，也要求班级风雅少年做到。

宁是一位漂亮可爱的小姑娘，扑闪扑闪的大眼睛充满了智慧和灵气，她写的文字充满诗情画意，一口英语地道纯正。文科型的女孩，理科相对弱些。从一年级开始，她的口算处于弱势，数学老师经常鼓励孩子，爸爸妈妈也想尽办法鼓励孩子，渐渐地，她的数学慢慢追了上来，甚至还在三年级时的校厚学杯数学竞赛上拿到了班级二等奖。她评上了班级风雅少年，笑容越来越灿烂明媚。以前的她，在校不够自信，发言声音如蚊子一般嗡嗡，自从评上班级风雅少年，她日渐开朗和自信。在运动会上，她身穿西欧风情服装，昂首挺胸，走在队伍前面，气场全开。

小彤是一位内秀的质朴女孩，懂事乖巧，遵守纪律，不需老师操心，成绩中等略下，理科弱些，在班上属于默默在路边鼓掌的孩子。这一类孩子，往往很难成为班级聚焦的中心，只会默默地在教室一隅，散发着属于自己的独有芳香。

她在学校乖巧懂事，在家却另一种状态——率性，脾气倔强。居家学习时，我发现小彤的作业发在桐乡教育上相对晚得多，我给妈妈打电话了解孩子的居家学习情况。妈妈告诉我，她很忙，要忙厂里的订单，有时候还要加班，她做好作业，不愿意给姐姐批，常常要等妈妈晚上下班回来才开始批作业，结果弄到很晚。妈妈多次与孩子沟通，可她就是不听劝。爸爸妈妈自己开厂，订单急时，需要没日没夜地加班，孩子听不进妈妈的好心规劝，执意率性。有的时候，妈妈根据老师发在群中的答案，给孩子批作业，错误的题目让孩子订正，脾气倔强的她，往往坐在书桌边，闷声发脾气，就是不愿意订正，一声不吭静坐，不理会妈妈，母女俩有时要僵持到半夜11点。

当我听到妈妈讲述的情况后，分外惊讶。这么乖巧、懂事的孩子，在家居然是这么一副糟糕状态。我让孩子听电话。妈妈说，她在厂里，孩子不在身边。我与孩子妈妈约定好时间，我与孩子通电话。第二天网课结束之后，我打小彤家中座机，她一接到电话，就知道是我打的，怯生生地叫了一声"许老师好！"我在电话中，叮嘱孩子好好看网课，作业好好做，告诉她不仅要好好做作业，还要好好订正，倘若不订正，等同于不做，可以让同样居家学习读大学的姐姐批阅，下午把作业做好、订正好，晚上及时休息。我因势利导，委婉地引导孩子，孩子在电话中一一答应。我提醒她，我会经常用微信问询妈妈或再次打电话回访。回访中，妈妈千恩万谢，孩子每天早早完成作业，晚上看看课外书，跑步机上运动运动，居家学习氛围轻松。之前，妈妈焦虑得睡不着觉。

4月下旬，疫情日渐稳定，结束居家学习，学校全面复学。小彤的居家学习有效，连连考出理想的成绩，她似乎找到了学习的信心，比以往努力了许多，成绩有了明显提升，被光荣地评为班级风雅少年。她，成为了美好事物的中心，素来不太爱笑的她，笑得特别灿烂。

我只是把特长风雅少年奖状括号中该填写"美术、运动、劳动"等专项特长替换为"班级风雅少年"，没想到，小小的变化，就带给孩子如此的自信和温暖，大大调动了中等学生的学习动力，唤醒了孩子内心的小宇宙。

这一做法，得到了身边同事们的认可，他们纷纷效仿。教育是需要智慧的。

4 男女竞争，共同前进

都说小学阶段女生是有绝对优势的。心理学表明，女生的语言、心理都比男生早发展一到两年。以往带的班级，学业、能力等各方面都是女生领先，我的省级课题"小学高段男生自我建设能力的探究"就是为了培养男生的能力而做的，甚至得到了浙江大学教育专家的认可，觉得这样的课题研究意义重大。

鸿鹄班是我任教以来的一个例外，班上男生们优势明显，口才、习作、奥数、发言、诗词背诵等方方面面，思维活跃的男生众多，占有绝对优势。前十名男生占6~7位，哪怕女生素来占有优势的语文学习，还是男生领先。张舒元、张洪翊、朱笈弟、朱天乐、唐翌展、徐逸航、金煜翔、魏辰、陈誉等，灵气飞扬的男生，扳扳手指，一长串，数不过来。

男生们思维活跃，课堂气氛好，敢于亮剑，敢于发言。女生们文静、内秀、乖巧、懂事，光芒被男生所掩盖。当然，心近、睿睿、昕玥、铭佳、王珺等女生很有潜质。睿睿思维活跃、文理俱佳，心近认真仔细、成绩稳定，昕玥踏实细致，王珺思维活跃，小雯底蕴深厚，但与众多光芒毕露的男生们比，女生整体的光芒稍嫌不足。

怎么调动女生的学习积极性呢？我开始了思考。

一、发挑战书，鼓励女生们向男生发出挑战

鼓励女生们选择一位自己愿意挑战的对象，向男生们发出战书，比如挑战积极发言，挑战做数学题的准确率，比赛谁看的书多等。让女生拿一张大红纸头，纷纷写上想要挑战男生的名字。挑战的内容，明确告诉被挑

战者。睿睿的战书上，明确表示要向天乐挑战习作的行云流畅，依依要向予泽挑战数学学习……挑战的对象以及挑战的内容，由每一位女生自己定。跳一跳，摘到桃子。每一位女生选择的男生尽量向上靠一靠。男生被追赶，女生去超越，全班处于一种你追我赶的氛围中。

二、寻找女生领头雁，带领小雁们齐心协力奔向前

铭佳是个做事认真、负责能干的孩子，是我从教以来所遇见的最能帮老师做事的孩子，简直就是我的一位好助手。晚托班前，有个喝牛奶或吃饼干的充饥时间，班上的孩子们全都美滋滋地品尝着美食。她宁愿自己不吃，也要整理好同学们扔下来的包装纸。对一位十来岁的孩子来说，这是一件多么了不起的事情。我想起了俞敏洪读北大时，四年如一日帮助寝室的同学打水。铭佳几年如一日，默默为班做事。但凡我需要什么工具、学具，我只要与她说一声，她准能出色完成。带鸿鹄班的四年，铭佳简直就是一位完美的小助手，同学眼里的大姐大。她的存在，带给了我们多少轻松和自在。在学习上，她绝对不弱，理科思维超级棒，是校奥数班成员。她是班级管理的一只领头雁。

心近是一位学习认真勤奋、成绩优异的女孩，她的学习目标，就是超越金煜翔。在这样的信念下，她的学业越来越棒，在三年级的第二个学期，一举拿下了班级第一。是她的努力，是她的执著，让她在班上渐渐放出了耀眼的光芒。在竞选班长时，她以微弱的优势，战胜了鸿鹄班的老班长——唐翌展。心近在学习上，更是引领了鸿鹄班其他女生，纷纷朝着目标，努力前进。

睿睿是一位思维敏捷的女生，学识广博，反应灵敏，上课时，无论什么问题，她总是小手总是举得高高的，回答问题妙语连珠，文科优势日渐突显。在奥数上，她和铭佳是鸿鹄班15位校奥数班成员中仅有的两员女将。在朱笈弟、张舒元、张洪翊等奥数高手的带动下，她的奥数也是一天更比一天好。

昕昕的喜欢阅读，玥玥的心思缜密，小雯的诗词功底，笑笑的钢琴飞

扬，佳烨的朗读，丹宁的文章，王珺的英语……27位女生有27个亮点。

平素默默无闻的天欣的崛起，充满了传奇和励志的色彩。一年级时天欣的语、数曾经只考70多分。在她爸爸的悉心陪伴下，在三年级时，她喜欢上了习作，一篇篇生活作文洋洋洒洒几大页，记得最多的那一次，整整14页，每一个字大小匀称舒服，文笔优美流畅，令我赞叹不已。

天欣只是女生中的一个缩影，一位位女生在鸿鹄班的班训"越努力越幸运"的鞭策下，在与男生们的竞争中，以坚强坚毅的品质，开出了一朵朵美丽的花朵。

5 奖生一长，激励唤醒

现在的旦晨从劳动中找到了存在感，每天早上，我一走进教室，就看到他那忙碌的身影，拿着一把扫帚在教室里认真地清扫垃圾，不放过任何一个角落，细细地扫，那么一丝不苟，那么认真。

看着这样的画面，我的内心总是涌动一股暖流。多可爱的孩子啊！

但一批他的作业，心头就有点喘不过气，晕得鼻孔生烟，字歪歪扭扭的，超级潦草。我长呼一口气，努力脑补他认真打扫的画面，为班级做贡献的画面，我的心才渐渐平缓。

在爸爸的辅导下，这一周，恰似千年难得下甘露，他的习作，无论家中写的，还是在校写的，都是洋洋洒洒两三页。对于其他孩子，这可能不算什么，可对于向来写作犹如茶壶里煮饺子的旦晨来说，这可真是翻天覆地的蜕变！

习作《掰手腕》，抓住了细节描写，传神到位，除了几个错别字，堪称完美。我捧着习作，绘声绘色地朗读着，表扬着，孩子们在下面笑着，鼓掌着。旦晨捂着嘴巴在座位上笑着，眼睛里闪烁出星星般的光亮。

我故意把他的文章当作例文欣赏，想调动他的习作积极性，也给他的爸爸妈妈分享了这个喜讯，夸他习作水平高。他妈妈告诉我，听到这个喜讯真的很高兴，以后爸爸管肯定更用心了。

数生十短，不如奖生一长吧。第多斯惠说，教育的本质就是激励和唤醒。

该奖励点什么呢？家委会劳动部前两天刚给期中学习勤奋者和期中学习进步者奖励了小畚箕、小扫把。自从搬到新教室，这个浅色的教室地面令我们烦恼不堪，不耐脏，扫也扫不干净，拖也不拖不干净。在同事的推荐下，我让劳动部部长——佳烨妈妈在双十一购买了一些小畚箕、小扫把。奖励之后，还剩下三把。拿一把奖励给旦晨同学吧！

他喜滋滋地接过他的小畚箕、小扫把，脸上的笑容更灿烂了……

一项小小的奖励，让孩子看到了自己努力后的被认可，孩子前进的脚步更为坚定了。

6 软实力强，扬正气场

又一个学校食堂发牛奶的中午，孩子们美美地、满足地喝着美味的牛奶，满脸洋溢着欢乐，舌尖的美好刺激，直抵心灵。

同事 H 老师在办公室感慨："又是发牛奶呀，真烦！"

"为什么烦？发牛奶不是很好吗？孩子们都爱喝。"我表示纳闷。

"垃圾桶里堆满了牛奶盒，掉在外面也没人理会。"她补充道，"班里孩子若从家中带了牛奶，牛奶盒必须自己带回家，不能扔在教室的垃圾桶里。"

我惊奇，忙问为什么。她说："一放开，可随意扔，牛奶盒堆满垃圾桶，漫溢到外面。看着烦死了。你们班有孩子整理吗？"

"有的！有的！"我赶紧说，"我们班有铭佳、予栋、钱灏、佳烨等同学负责整理。"

绝没有夸大成分，鸿鹄班若没有铭佳，我的班主任工作一定忙碌许多。高高个子的美丽女孩，是我非常得力的好助手。

上学期学校开始举办晚托班，一到下午第三节下课，孩子们赶紧拿出小点心、小美食美美品尝，满足一下自己的味蕾，以及那咕噜噜叫的肚子。可以毫不夸张地说，好些孩子喜欢上晚托，可以带美食是重要原因哦，尤其在肚子咕噜噜叫的时刻。

铭佳作为一位四年级的孩子，放弃品尝美食的时间，当别的同学正在美滋滋地品尝饼干、牛奶、蛋糕时，她将堆满各类食品包装袋的袋子从垃圾桶中拿出来，用手轻轻一按，技术娴熟地打好结，捆成一个包，暂时先放在角落，再打开橱柜门，拿出一个黑色垃圾袋，套在垃圾桶上……她宛如一位大姐姐，在众多好吃好喝的同学面前，没有一点计较，默默为班级做着奉献……

铭佳，没有红笔芯了，去全爷爷那里领一下。

铭佳，扫帚坏了，去全爷爷那里换一下。

铭佳，把这张纸头张贴一下，贴工整一点哦！

铭佳，这一周各项比赛表，你统计一下哦！

铭佳，……

她是一位懂事的女孩。她软实力强，勤劳、踏实、聪明，是同学们心中名副其实的大姐大。她默默为班级做事，为同学、老师服务，这样的事说上三箩筐也说不完哦！在她的身上，有一种任劳任怨的孺子牛精神，凡事交到她手上，总令我那么放心了！

倘若没有铭佳、翌展两个孩子的默默帮助，我一定会多操许多心。更难得的是，在铭佳、翌展两位爱班榜样的带领下，予栋、旦晨、钱灏、佳烨、笈弟、睿涵、书瑶、一立、陈蓉等一位又一位愿意默默为班级做事的孩子，风起云涌，层出不穷，这就形成了一个正能量的场。

所以，有关垃圾桶的事情，从来不需要我操心。一位好孩子的影响力巨大，辐射场强大。

铭佳思维很棒，但再美的玉总有瑕疵，个性温柔娴静，实则是个马大哈，写出来的字，时常是缺胳膊少腿，与一立可以一拼，屡在不该错的地方丢分。

据铭佳妈妈说，写一篇习作，她搔头抓耳半天也写不了多少字。

我有意识在写作上尽可能多鼓励。这不，我们玩了传花击鼓游戏后当场写作，孩子们提笔刷刷刷写着。半小时收起来一看，铭佳文章写得很棒，把当时那一种紧张的心情淋漓尽致写了出来。我拿起她的习作当作范文朗读，铭佳脸上洋溢着笑容。

晚上，正好看到"浙江省小作家"的微信公众号上有铭佳发表的文章，赶紧转发到班级群，告诉铭佳妈妈：今天现场习作也很棒，当作范文朗读了。铭佳妈妈说，孩子回家说了，非常高兴！

佑宸这一段时间表现不错，鲜有他的违规记录。我在想：用什么鼓励？有了！桌子上一叠乱糟糟的记录课堂纪律的表格，每一节课需要课代表来我办公室领取，多麻烦，要不，找佑宸管理吧，奖励奖励他。我找到他，告诉他:"你在课堂上有进步,奖励你保管课堂纪律记录表,愿意吗?"他很高兴,露出了灿烂笑容。我当着全班同学面鼓励他:黄佑宸课堂纪律有进步,才有保管课堂纪律表的资格。

孩子受到了表扬,有事做了,我也轻松了,一举两得!

中午吃好午饭,去操场走两圈,散个步,正好遇见儿子的奥数老师。我赶紧问一下儿子的学习情况。奥数老师说:奥数课上很乖!奥数作业做得干净整洁。

回家,我把奥数老师夸儿子的话悉数传达给儿子爸爸。儿子听到后,更喜欢奥数了。一位姐妹邀请我全家周六晚上吃饭,向来被誉为吃货的他,居然在一边说:我还要做奥数作业!

善于鼓励,善于营造一种磁场,是智慧班主任的带班艺术。注重孩子们的软实力,鼓励鼓励再鼓励。

7 顺其自然，CP 云散

秋高气爽的一天，学校前面，北港河边的银杏树叶金黄金黄，宛如一树灿烂的金子。银杏树叶黄时，飒爽英姿，如兵至城中，满城尽带黄金甲，凛然有威风，波澜壮阔又从容自如。银杏树一边呈现让人炫目的金色，一边飘洒下无数的落叶，顺风贴着地面卷动，铺成一地锦绣。

我心情愉悦，与班上的几位孩子边在北港河边漫步，边闲聊，顺便拍拍与金秋的合影。孩子们在放松状态下，七大姑八大姨地闲聊，常常能听到平素班主任不知道的八卦。这就是我常常喜欢与孩子们闲聊的原因。每天至少与两个孩子聊天，这是我雷打不动的保留项目。

L 乐滋滋地告诉我，他的好朋友——，喜欢班上一位叫 S 的女孩。S 长得小巧可爱，钢琴弹得行云流水，被称为钢琴小公主。起因是——在上体育课的时候，告诉同学说：我想跟 S 结婚。结果，他那大嘴巴的同桌大声地告诉了 L。现在的孩子们，受影视剧、网络等媒介的影响，比过往的孩子更加早熟。小小年纪，一个个八卦得起劲，如此一来，全班同学都知晓了这事儿。

最好笑的是容川对——说的话："——你也太早熟了吧！这么小就想结婚了！"L 在银杏树下笑得前俯后仰。另几位同学随声附和。

哇，小小年纪，居然有这种事情。——看上去还很幼稚，会暗暗喜欢一个女生了？我有点将信将疑，看 L 信誓旦旦没有骗人的样子，我觉得很好奇，决定与——好好聊一聊。

某一个课余，我找来了——。"你是不是很喜欢 S 呢？"我一开始以为——会狡辩和否认，没想到啊，这个孩子大方地承认了，与我说"是的呀"。

"那喜欢她什么呀？说来给许老师听听。"我追问。隔了四代的"70后"老师想探究探究"10后"孩子的世界。

一一犹豫了一会儿对我说："觉得她很可爱！"

"这样啊，觉得她长得很可爱。可爱倒是蛮可爱，钢琴公主哦！那么，我问你，倘若她十道奥数题只能做出一道，你不嫌弃吗？"一一是个聪明的孩子，奥数厉害，为鸿鹄班奥数小王子。他站在那边跟我说："嗯，我不嫌弃，没关系。""真爱"哪！

"那我问你哦，你奥数好，学习好，以后要上名牌大学的。到时S考不上名牌大学，你也不嫌弃？"我继续追问。

"不知道，我说不上来。"他向我坦陈道。

我看着他稚气未脱的白净帅气的脸庞，情不自禁笑了。我问他："哎呀，你妈妈知道吗？"他与我说："妈妈不知道的，我没跟妈妈说起过。"

我语重心长地与孩子说："孩子，你还小，你好好地读书，将来，会遇到很多更可爱、更聪明、更漂亮的女孩。先不要想这个事情，先好好读书，好不好？"孩子点点头。

我跟孩子妈妈联系了，妈妈跟我说："儿子跟我说起过的，不过这应该是孩子之间一种单纯的想法。"我也知道这肯定是很单纯、很朦胧、很懵懂的一种好感，就是想做好朋友的想法。

北港河的秋天最美丽了，银杏树穿着金黄金黄的衣服，迎来一年中最绚烂的时刻。过了几天，我带着全体孩子一起去北港河边觅秋。当孩子们看到金黄的银杏树，开心极了。欣赏完美好的秋天，我让孩子们在银杏树下面找好朋友合照。瞧，三个一群，两个一伙，孩子们纷纷找好友拍照。

S和珺一直是很好的朋友。她们两人，站在一起正摆好姿势想拍照的时候，我发现一一犹豫了一下，勇敢冲了出去，站在S旁边，一起合影。

当着这么多同学的面，冲到S身边，只为合一张影，前几天我刚找孩子谈过话呢！何等的勇气！我不禁一颤，"10后"的孩子，你的世界我不懂。

我又找了个合适机会，把一一叫到我的身边。"许老师尊重你的懵懂好感，未来还很遥远，希望你以后不要与同学说，想与S结婚之类或喜欢她的话语。若真的喜欢，默默放心中，或许，过段时间，等你大点，你的情感会变化呢！"孩子点点头说："好的。"

我引导全班孩子们："大家不要乱组CP，喜欢一位同学是正常的，在班上乱传八卦，意思不大哦！以后谁八卦谁乱传我就组谁的CP，我可是要乱点鸳鸯谱哦！"孩子们听我这么说，一个个捂住了嘴巴。

渐渐地，乱传CP的话语减少了，有关——与S的八卦也少了，日子渐渐趋于风平浪静。

四年级的某一天，我与——聊天。"——，你现在还喜欢S吗？"我好奇地问。

"现在，我已经不喜欢了。"——告诉我。

顺其自然，不刻意打压，不刻意批评，阻止乱传CP、聊八卦的源头，孩子们会更静心，更好学。即便学生有组CP的想法，不大惊小怪，合理引导，随着年级增高，随着阅历和学识渐长，思想就渐渐成熟了。

8 送上温暖，最美修行

佳一是一位勇敢坚强的孩子。

一个多月前某一个月明星稀的夜晚，和爸爸一起运动，不小心右手骨折了，上了石膏，但没有请过一天假，硬是学会了用左手写字。一开始字歪歪扭扭，超级丑陋，他凭着一股劲儿坚持了下来，没有喊过一声疼，没有说过一句不想做，每天各科作业坚持完成，从没有过一次遗漏。

吃午饭、倒饭盆、搞卫生……但凡要求孩子们做的，他没有一个项目落下。我叮嘱同学们照顾他一下，帮助他一下，他却分外坚强，能做的全都自己坚持做了下来。

遇上习作，怎么办呢？我与佳一妈妈说，让孩子口述，妈妈帮助记录，打印出来就行。每一篇习作，佳一从没遗漏过，一丝不苟。每一篇，我都会细致地用双面胶粘贴在生活作文本和正稿本上，并用红笔认认真真批阅好。遇到考试时，他用左手书写速度慢，时间上来不及，我告诉孩子，不用写作文，回家用嘴巴复述，让妈妈打印下来就行。

期中考、单元考，语文、数学、科学、英语，每一次考试佳一都认真对待，取得了优异成绩。阳光活动和上体育课的时候，看他待在教室座位上看书，我便喊他：快出去晒晒太阳，不要一天到晚待在教室里。他听我这么说，就去外面参加活动了。

这是一位内秀却脆弱的优秀男生。三年级时，突然有一天不想读书了，我亲自上门家访。这个学期，在学第二单元"提问策略"时，又突然闹情绪不高兴来上学了，说不会提问，不会写作文，也交不到朋友之类。

的确，之前的现场习作，他的文字短短的，与他那优异成绩不成正比例。挑选文学社成员的现场作文，他只写了没几行文字，当时我还拍照给他妈妈看。他妈妈告诉我,平时写作文,搔头挖耳,难产,痛苦。孩子内心世界丰富多彩,却不太善于与同学交往。

我一方面叮嘱几位孩子多与佳一交往,另一方面经常与他沟通,时常问问他的心情。他总是一脸阳光地告诉我:"现在心情好着呢!""那你还会不会像前两次那样'犯傻'呢?"他向我肯定地说:"肯定不会啦!"

我有意在习作上多鼓励、肯定他,也叮嘱妈妈,在习作上多上心。现在的他,习作常常洋洋洒洒几大页,再也不用苦思冥想了。

他终于摘除石膏,开始用右手写字了。

我一直在想:该怎么来激励他呢?我的目光扫视到我去嘉兴参加培训时主办方赠送的一个漂亮笔记本,封面上有一朵娇艳的百合花。我又拿来朋友送我儿子的一支"无印良品"水笔。咦,把这笔和本子送给他,鼓励他,佳一一定很开心吧!

周一晚托班,我把佳一叫到了办公室,他站在我身边,不知我葫芦里卖的是什么药,一脸纳闷地看着我。

"佳一,你真的很勇敢坚强!一直用左手写字,成绩优异,许老师被你这种精神打动了!送给你一个本子,这本子是许老师去嘉兴参加培训时才有的,这笔是许老师一位朋友从日本带来的,我把它送给你哦!希望你继续勇敢坚强地往前走!"我拿起"无印良品"的笔,在本子扉页上写了这么几行字:

> 亲爱的佳一:
> 　　被你的勇敢、坚强打动了。
> 　　祝你朝着目标奋勇前进!
> 　　　　　　　　许丹红

孩子眼中闪过一道亮光,满怀笑意离开了。

批阅家校联系本,看到佳一的本子上爸爸这么留言:

回家后认真完成作业及预复习,今天老师奖励了佳一笔和本子,还有对他的鼓励，让他非常开心和激动。希望今后的学习中，也能发扬坚强的精神。

　　赠人玫瑰，手有余香。感谢生活把我安在丰美灵魂的教育岗位，去实现人生最美的修行。善待自己，善待儿童。很高兴，我是一位老师。我时刻提醒自己，每天至少鼓励一位孩子，让他的心灵沐浴阳光。

9 推荐专家,汲取养分

小雯长相清新可爱,讨人喜欢。一年级时,在人才济济的鸿鹄班中并不算突出。某天家长开放日后,妈妈打我电话,表达了内心那份焦灼。

我让妈妈放宽心,以我的从教经验,小雯是位资质很棒的孩子,只是现在还没完全入门。我推荐了知名主持人王芳——一位讲究学习效率和方法,讲究扩大知识背景、拓展孩子视野的专家,鼓励雯妈跟着她的专著、公众号学习,拓宽孩子的知识视野。

妈妈告诉我,王芳的课程、专著特别棒,现在成了她的粉丝,上下班途中,坚持听课,也让小雯听课。

某一天,雯妈在微信群中发了一段视频——小雯全文背诵《琵琶行》。原来,孩子每晚临睡前,听王芳老师的《琵琶行》音频课程,听着听着就会背诵了。"太厉害了!"当爸爸妈妈们看到一位刚进入二年级的孩子会背六百多字的《琵琶行》,一个个瞠目结舌。

一、跟随王芳老师学古诗

每首诗都有创作背景,要想弄懂,就会涉及很多历史和地理知识,高妈妈读过王芳的《最好的方法读唐诗》(两册),第一册是以李白为中心线,讲李白的朋友圈;第二册是以杜甫为中心线,讲杜甫的朋友圈。通过了解这两个人的出生年代、当时的历史背景,再去理解他们写的诗,就容易很多。

唐诗代表人物首推李白。李白出生于公元701年,出生在碎叶城,今天的吉尔吉斯斯坦境内(当时属唐朝管辖范围),五岁随爸爸到了四川,在四川长大。到了18岁，他辞别父母，开始云游天下，25岁离开四川到湖南湖北，离开的时候写了一首诗叫《渡荆门送别》。这首诗的前两句是这样写的："渡远荆门外，来从楚国游。"荆门在哪里？荆门在湖北宜昌的荆门山，学诗时可以在地图上找一找。从四川到荆门山，古代没有汽车火车，确实挺远的。楚国在哪呢？提到楚国就要回到战国时期，战国有七个国家比较厉害，分别是"齐、楚、燕、韩、赵、魏、秦"。网上可以查到战国时期的地图，楚国大概在湖南湖北这一带，当时楚国是绝对的大国，屈原就是楚国人，现在端午节吃粽子，就是为了纪念屈原。后来西汉有个叫刘向的，编辑整理出了《楚辞》，里面以楚国人屈原的作品为主，还有其他文学家写的类似的诗歌，可见战国时期楚国的文化还是很牛的，估计这也是李白来楚国游览的原因。这样，前两句就很容易理解了。李白的偶像是谁？他的偶像是孟浩然，他比李白大12岁，《春晓》这首五言绝句，就是孟浩然隐居在鹿门山写的诗，鹿门山在湖北襄阳。之前说李白"来从楚国游"，到了湖北襄阳这个地方，他听说偶像孟浩然也在这里，就去拜见，居然真的见到了孟浩然，赶紧把自己写的诗给孟前辈看。孟浩然觉得他的诗很有味道，觉得他很有才，就留他在这里住了十几天，两个人谈古论今。那个时候李白还没啥名气，孟浩然留他十几天，简直就是至高荣誉。后来又过了两三年，李白听说孟浩然会去武汉黄鹤楼，就又跑去黄鹤楼与他见面，结果真又见到了，不过这次见面短暂，孟浩然要去扬州，李白送孟浩然有感而发，写下了那首脍炙人口的《黄鹤楼送孟浩然之广陵》："故人西辞黄鹤楼，烟花三月下扬州。孤帆远影碧空尽，唯见长江天际流。"这样讲来，每首诗的作者还会经常记不住吗？提到《渡荆门送别》就想到这是李白离开四川去楚国的时候写的诗，提到《春晓》就想到这是李白的偶像隐居在鹿门山上写的诗，提到《黄鹤楼送孟浩然之广陵》就想到是李白去黄鹤楼与孟浩然会见，送别孟浩然去扬州时写的诗，等等。通过这种学习古诗的方法，理解古诗的内容，就容易多了。

二、跟着王芳去旅行

带孩子去旅行,千万不要"说走就走",要提前准备,让孩子参与路线选择,收集资料,给他讲讲当地的特点,把书本上的知识搬到实地。

国庆雯妈雯爸带小雯去北京,王芳的课讲过一些孩子感兴趣的地方,比如卢沟桥。历史上的"卢沟桥事变"发生在1937年的7月7日,日本帝国主义在此发动全面侵华战争,中国抗日军队在卢沟桥打响了全面抗战的第一枪。来到卢沟桥景区,国庆期间其他景区人满为患,这里人却不多。穿过宛平城一条街,来到抗日战争纪念馆,这里记载了"卢沟桥事变"的全过程,比在历史书上学到的要生动得多。从抗日战争纪念馆出来,就到了卢沟桥,真是壮观!这是一座联拱石桥,总长约266米,有281根望柱,每个柱子上都雕着狮子。去前,小雯说她一定会数出有多少只,不会数不清,她觉得只要会数数,肯定数得出;到了那里,她很认真地数着,从头数到尾,数了480多只……

跟随王芳老师,小雯犹如打通了学习的任督二脉,越来越自信。

我邀请小雯妈妈在班级微信群做了一场讲座:《借助王芳,帮助孩子打通学习的任督二脉》。

听着小雯妈妈的讲座,鸿鹄班家长惊呆了。浙大研究生毕业的王珺爸爸这样感慨:高妈妈讲得简直就像《百家讲坛》。我从来没有想着带孩子出去玩,还要有一颗研学的心。

跟随知名教育专家的脚步,汲取养分,拓宽知识背景,提升父母的学识与修养,提高家庭教育水平,发展孩子的优势学科,进而带动孩子其他学科的提升。

10 长兄如父,语言引领

傍晚,寒意浓浓,灯光点点闪烁,冬至长夜漫漫。突然收到了逸航妈妈的一条微信,她发过来一张照片,只见逸航坐在沙发上,张开大大的嘴巴,一只手端着一只碗,一只手拿着一只勺子,超级投入地给他近三岁的弟弟喂饭呢。弟弟面向哥哥,在乖乖地吃饭。

哇,好温馨的一幕!

看到这个温暖的场景,我真高兴。我连忙在微信上给妈妈说:长兄为父呀,孩子真的做到了,明天我要好好地表扬一下。孩子妈妈告诉我:最近在家乖多了,像个哥哥的样子。

要知道,一个多月前,这位哥哥对弟弟可是各种嫌弃。

漫漫思绪把我拉到一个多月前的一节道法课上。书上的内容是画一棵家庭树,我让孩子们画自己家里的全家福。这时有孩子问我:"许老师,要不要把爷爷奶奶或者外公外婆画上去呀?"我没有肯定地答复,只是与他们说:"你觉得你的全家福上该出现谁就画谁吧,你认为重要,你就画上去,你认为不重要,那你就不画上去。"

孩子们一个个低下头,握着笔开始认真画画。画好了之后,一个个让我观看。画全家福最能看出孩子跟家里人的感情,可以借助图画读到孩子情感上的信息。比如说,孩子与谁靠得最近,那说明在家中与谁的情感最亲密,把谁画得高大,说明谁在他心中的地位高。从全家福中可以解读出孩子的情感密码。这是我读王晓春老师的《给教师一件"新武器"——教育诊疗》这部书带给我的思考。

我逐个儿看着,没发现什么意外。当我迈步来到逸航身边时,吓了我一大跳,画面上只出现了他,他的爸爸和妈妈分列在他两边。才三个人？我特别奇怪。"咦，逸航，你的弟弟呢？"我止不住好奇，情不自禁问。"嗯……嗯……嗯……"他皱着眉头，抿着嘴巴，在那边支支吾吾说不上来。

"我，我忘记了。"突然，说了这么一句。

啊，这也会忘记吗？不对呀！我感觉这个孩子心理有点不对头。莫非对弟弟意见很大？莫非觉得弟弟抢了家里人对他的爱？莫非……

当天晚上，我与逸航妈妈沟通，反馈了这个情况。我说："逸航今天画全家福的时候没把弟弟画上。问了他，他支支吾吾说不出，后来说忘记了，不知道在家里的表现怎么样呢？与弟弟好吗？"妈妈告诉我："是不是他真的忘了呢？"我说："应该不会的呀，我跟他们反复说，认为重要的画上去，认为不重要的可以不画。"妈妈告诉我，孩子在家里有点嫌弃他弟弟，他嫌弟弟烦，态度不好，说了他好几次也不听。

第二天，我把逸航叫到走廊上，细细问他："逸航，你之所以不把弟弟放在全家福上面呢，肯定有原因的，能跟许老师说一说吗？"我开诚布公地问。孩子跟我说："弟弟真烦呀！我在做作业的时候，他老是来敲门。不开，他就敲个不停。我坐在沙发上的时候，他也来影响我。"

原来是嫌弃弟弟烦啊！我握住他的小手，抚摸着他的头，与他语重心长地说："其实，我能理解你的心情，小时候，许老师也很羡慕村上的独生子女家庭，觉得有个弟弟分担了爸爸妈妈的爱，好东西都要两个人分。所以，我理解你的心情！"我用同理心，表达了我对他的理解。"但随着慢慢长大，许老师觉得有个弟弟真好呀！同胞弟弟，流着共同的血液，有了困难还能帮助承担，多好呀！再说，你是哥哥，他才三岁不到，你要照顾他的呀。长兄如父，你的爸爸在北京工作，不在家，那你作为哥哥更要好好照顾他呀，你说对不对呀？"

当他听到"长兄如父"这几个字的时候，眼睛里闪过一道光芒，有一种顿悟之感。他点点头说："许老师，我知道了。"

另一节道法课上，我委婉地与孩子们说："现在不少家庭有两个孩子，有弟弟或妹妹。如果你是哥哥或姐姐，要学会照顾他们哦。在咱们中国，自古以来，就有这么一句话：长兄如父，长姐为母。作为哥哥姐姐，要像爱护自己的子女一样照顾好自己的弟弟妹妹哦！有一个流着相同血液的同胞小伙伴陪着我们一起长大，那是一件多快乐的事情。"

苏霍姆林斯基说，教育的艺术首先包括谈话的艺术。通往孩子的心灵，非常重要的方法就是谈话。

孩子成长的道路上，需要老师的引导。老师有价值的语言引领，有的时候就像一盏明灯，给孩子指出了一个明亮方向。

11 即兴分享，视频拍摄

好爸爸胜过十位好老师，努力让爸爸更多参与到孩子的学习、生活中陪伴孩子，一直是我工作的努力重点。一立爸爸、熙雯爸爸、天乐爸爸、昕玥爸爸、张瑞爸爸、天欣爸爸……看着班上一位位爸爸对教育开始重视，由衷欣慰。

进入四年级，两周一节班会课，我倍觉珍惜。这一周讲点什么呢？我开始酝酿和构思，为了调动爸爸们的积极性，要不来个好爸爸分享会吧！让孩子们即兴评评，自己的爸爸是不是好爸爸。

课间十分钟，我来到教室，马上让画画高手王珺、诚斌在黑板上画两个孩子——南面画的是正在行走奔跑的男孩，北面画的是正在静静阅读的女生。我在中间板书了"好爸爸分享会"这六个大字，描框、涂色，六个字特别醒目。十分钟轻松搞定，感谢师范里练就的简单写大字、描大字的基本功。

孩子们分外好奇，问啥是好爸爸分享会。我把手指放在嘴巴边，故作神秘地说："一级机密！暂不泄露！"

上课铃声响了，我迈着轻快脚步来到教室："孩子们，今天是好爸爸分享会，如果你觉得你的爸爸是个好爸爸，负责任的爸爸，那你就上台说说，你的爸爸好在哪里。"孩子们一听我这么说，一个个你看看我，我看看你，惊呆了！

首先闪亮登场的是高辰，这位可爱阳光的男孩，与比他大一岁的哥哥魏辰同在鸿鹄班，各有各的优点和长处，哥哥智商高、聪明帅气，弟弟情商高、温暖阳光，都是讨人喜欢的好孩子。

"我的爸爸是一位好爸爸！他经常带着我们去运动，踢足球、跳绳。现在我和哥哥的学习也都是爸爸在管，妈妈工作很忙，要负责晚自修。有一天晚上，爸爸的朋友打电话给他，让他出去喝酒，我爸爸拒绝了，他说还要管儿子们的作业呢。我觉得我的爸爸是一位好爸爸！"高辰落落大方讲了爸爸的事迹。我赶紧掏出手机，给他拍视频。

"我觉得我的爸爸是一位好爸爸！我不会做的奥数题，他会教我，还经常陪我去看电影。我很喜欢我的爸爸。"口齿伶俐的佑宸站在前面，说起爸爸的好来，头头是道。

"我觉得我的爸爸是一位好爸爸，我的数学、科学是我爸爸负责的，当我不懂时，他会耐心教我，还经常陪我做科学实验。平时，我犯了错误，爸爸会耐心教导。"高熙雯满脸骄傲地上台了。

"我的爸爸是一位好爸爸！他经常给我烧好吃的，让吃货的我每天吃得开开心心。我爸爸很勤劳，他陪我去学钢琴，还把重点记录下来，回家练琴时讲给我听。"朱笈弟上台说。

……

一位又一位孩子上台数说爸爸的好。也有些孩子面有不屑，觉得爸爸做得不够好，不愿上台。

最令我感动的是小金同学上来了。记得前两天我与孩子谈心时，他告诉我，爸爸严格，犯了错误，曾被爸爸用鞭子抽。我很意外他今天也站到了讲台边。他大声表扬爸爸："我的爸爸虽然严格，曾经用鞭子抽过我，但我依然觉得我爸爸是个好爸爸，他打我也是为了我好，是我自己犯了错误。我参加活动，都是我爸爸陪我，我爸爸也经常陪我聊天，我爱我的爸爸。"

听了小金的话后，我的内心充盈着感动。我说："我要表扬小金同学，他能体会到爸爸妈妈对他的一番苦心。有句话说，打在儿身上，疼在娘（爸）心里，没有一位父母愿意打孩子。我不评价小金爸爸的做法对还是错，但我们要向小金一般，拥有一颗感恩的心，能体谅父母的苦心。"

好爸爸分享会掀起了一个又一个高潮。我逐一拍好视频。

突然袭击，没有事先预设，孩子们自由畅言，心中觉得拥有好爸爸，就上台与同学分享，这源自孩子内心对爸爸的认可。

放学后，我在班级微信群给家长留言：今天的班会课进行了即兴好爸爸分享会，总共有 26 位孩子上台夸爸爸。请各位家长朋友收听孩子口中好爸爸的优秀事迹。

我把孩子们的演讲视频发到群里，让爸爸妈妈们收听。听到孩子在同学老师面前表扬自己是好爸爸，那一份激动和欢喜自不待言。爸爸妈妈们纷纷跷起了大拇指。

我告诉家长，入选好爸爸的主要好表现：

（1）工作再忙，也会找时间、挤时间给孩子学习、生活上的指导。斐斐讲了爸爸虽然忙，但给她分析科学考卷。高辰讲到了爸爸的朋友们约饭局，但想着还没检查孩子们的作业，便拒绝了。

（2）给孩子辅导作业时不玩手机和游戏，全心全意陪伴。

（3）虽然学习上严格要求，但平时只要有时间就全心陪孩子。

根据我对鸿鹄班爸爸们的了解，有些爸爸为孩子付出了很多，但孩子没有感恩，主要是因为过于严格。虎爸的同时，要多陪孩子，多关心孩子身心，要让孩子觉得爸爸爱他才对他严格。就如笑笑妈妈所说，不留隔夜仇，睡前抱抱孩子，与孩子说笑下。

最讨厌的爸爸类型：

（1）一回家，就打游戏，玩手机。辅导孩子作业时，手机不离手。

（2）缺少生活、学习上的陪伴和关心。只有工作、赚钱、应酬，觉得管孩子是妈妈的事。

（3）太严格的虎爸，疏于和孩子进行心灵沟通。

即兴分享会，不掺杂任何事先预设，不作任何铺垫，调动了上榜好爸爸们的积极性，让没上榜的爸爸们学会了反思。即兴分享，视频拍摄，省力省心，却取得了超级满意的效果。

12 主持天团，风华绝代

鸿鹄才情课程，是我带鸿鹄班四年重点打造的一个德育课程。每个学年，鸿鹄班都有一次大型演出，每一位孩子都会上台。每一次大型演出，都是两男两女的小主持人阵容，每一次活动的主持人尽量不重复。主持天团，风华绝代。

一个班级中，怎么会有这么多能干优秀的主持选手呢？这么多主持人，怎么培养呢？

利用每一节语文课，发现苗子，及时栽培。语文课，是培养孩子们朗诵的好时机。一直以来，我分外重视孩子们的诵读涵咏。语感是一种语言修养，是经过长期规范的语言训练逐步养成的一种带有浓重经验色彩的比较直接、迅速感受语言文字的能力。在平时的语文朗读训练中，首先抓住语句停顿、重音、语调变化等技巧的培养。一遍遍引领孩子们有感情诵读，经常评选"朗读小夜莺""朗诵明星"等奖项，调动孩子们对朗诵的原始好感及积极性。在鸿鹄班中，孩子们喜欢朗读，亲近朗读，热爱朗读，朗读的素养都比较强，为主持天团的存在，打下了一个良好基础。

借助班会课，让小主持人有小试牛刀的机会。一二年级，每周都有一节班会课。每个学期，我都会安排10位孩子上班会课，内容由孩子和家长共同制定，课件由家长帮忙制作。孩子上班会课时，尽量脱稿主持。班会课，是对孩子的一次锤炼。

平素抓住机会多多鼓励孩子们上台演讲。比如每年寒暑假，孩子们外出旅行、研学，开学后我会拿出两天时间，鼓励孩子们上台讲讲旅行见闻、轶事、感受，在讲解和训练中培养孩子们站在台前落落大方的气场。

看到朗诵的好苗子，我会创造一切机会去鼓励。金诗媛是一位皮肤白嫩、漂亮可爱的女孩，长得胖嘟嘟的，忍不住想在她那小脸蛋上捏一把。一开始，我觉得她音色清亮悦耳，便经常在课堂上表扬她朗诵出色，同学也为她鼓掌。她越读越有味，情感处理越来越棒了。在牛娃遍地的鸿鹄班，金诗媛因她别具特色的朗诵，有了一定存在感。二年级的时候，我与孩子妈妈交流："您家宝贝朗诵这么好，应该把它做大做强。"妈妈告诉我，孩子很喜欢朗诵，在家中常常一遍遍练习。后来，在我的鼓励之下，去"阳光伙伴"参加了小主持专业学习，通过专业的系统训练，她的主持和演讲更棒了！为了早日站到班级大型活动的主持舞台上，穿上令人神往的礼服裙，她努力控制体重，晚饭少吃，终于光芒四射地站到了四年级年会的舞台上。

洪翊是一位睿智帅气的男生，一年级的时候，胆小内敛，上课也不怎么发言。在班级大型活动的熏陶和训练下，他胆子越来越大了。印象最深刻的是某次班级组织的歌唱比赛。最优秀的十位选手，学校会颁发一张十佳歌手的奖状。报名的孩子比较多，我一开始问他：报不报名？他告诉我：不报了。后来，他爸爸与他说：已经在许老师那儿报名了，你就好好准备吧！爸爸妈妈给他找了一首《种太阳》的歌曲。他配着音乐，唱得还行，不好不坏的样子。按照投票数，他正好排在第十名，但是沈佳烨和贾斐斐合唱的《外婆的澎湖湾》，按照每班十张奖状来算，他应该被淘汰。但我转念一想，不就是一张奖状嘛，我去学校领导那儿讨一张，或许从此改变了这位孩子呢！我专程去行政楼德育处要来了一张奖状，发给了他。没想到，这一张小小的奖状，给了孩子温暖的力量，从此他喜欢上了唱歌，专门学了声乐，拿到了桐乡市声乐比赛金奖。四年级年会上，他成为了主持人之一，站在了耀眼舞台中心，自信和阳光日渐写满他的脸庞。

一年级迎新经典诵读，主持人为朱笈弟、缪漪静、朱天乐、高熙雯。

二年级孝亲才艺展示，主持人为朱笈弟、缪漪静、沈笑妍、唐翌展。

三年级十岁成长礼，主持人为徐逸航、朱钱昕玥、魏辰、贾斐斐。

四年级新春朗诵会暨班级年会，主持人为黄佑宸、沈佳烨、张洪翊、金诗媛。

除了朱笈弟、缪漪静因幼儿园时有一定主持功底，用了两回，其他孩子均不重复。每一回大型演出之前，我会专门对主持人们进行训练，从语气、语调到出场、退场如何走，全部一一把关。只要有主持活动，我们必定脱稿。这是我对小主持人们的要求。

看，三年级十岁成长礼的小主持人，穿着礼服装，那么隆重和端庄。正如昕玥妈妈所说，有一种嫁女儿的即视感。

四年级年会上，我们的小主持人准备了两套服装，一套为中式喜庆新年装，一套为西式礼服装，居然还带来了化妆师。可见，这样的场合，这样的平台，家长多么重视，多为孩子登上这样的舞台而高兴啊！

年会时分了三个篇章，每一个篇章安排了两位领诵人员。易子昕、朱容川、高辰、高熙雯、郭以轩、钱之微，穿着漂亮的礼服装，激情澎湃地领诵着。

我会创造一切机会，告诉孩子们，只要你一直在努力，谁都有机会站在舞台上，成为美好事物的中心。

主持天团，风华绝代。丰富多彩的活动，有了美好的主持人，变得更出彩。有更多的孩子，走到了前台，这样的主持经历，将带给孩子一生美好的回忆，让童年的旅程中充满光芒和自信。

13 学科行家，课代表团

优秀的孩子，通过竞选成为了鸿鹄班班干部，身先士卒，带头干活。中等孩子，在班级中最容易被忽略，怎么办呢？是不是无事可做，就让他们做沉默的大多数呢？

智慧班主任，时时在努力施展魔法——寻找中等学生的发展之道。把中等学生的队伍稳固下来，结成联盟，这是一个班级各方面赢得胜利的关键点。

为了唤醒中等学生或中上学生对学习的热爱之情，让他们看见自己的存在，根据他们自身潜在的学科优势，我组建了各学科的课代表团，让他们做科任老师的学科助手，发挥他们的主观能动性。

每一门学科，课代表有三位，一位为核心课代表，由他领衔有关这门学科的各项事务，包括上课时课堂纪律的监督，另外两位为协助者。

请看鸿鹄班四年级时的课代表团：

语文：吴天欣、詹轶、张涵
数学：朱峻熙、高辰、张书瑶
英语：陈铭佳（英语老师钦定）、沈欣怡、夏雨萱
科学：陈张瑞、钱灏、张熠宸
美术：魏王珺、王朱靓、王诚斌
音乐：沈笑妍（文娱委员领衔）、全思丞、金诗媛
体育：金煜翔、缪漪静、金乐轩

每一位排在最前面的孩子，就是这学科的课代表领衔人。学科老师有

事交代，就可以直接找他。收取作业本，查未交作业者，查未及时订正作业者，监督和记录上课时的纪律情况并及时反馈给班主任，记录单元考试成绩，检查回家作业，全权由课代表团负责。

组成这样的课代表群团，需要班主任拥有一双善于发现的眼睛，找出每门学科的领头羊——这一位孩子，首先应热爱这门学科，学习达到优秀或准优秀，同时必须沉稳踏实，肯干实事，乐于奉献，小范围内有一定号召力。一般而言，这孩子竞选班干部时如果落选了，就给予他一个课代表领衔人称号，让他带领一个小团队，协助科任老师，为班做事，明确自己的目标，找到班级存在感。

也有一些例外，比如不愿意参加班干部竞选的学霸、科任老师钦定的优秀学生等。

另两位课代表，名单一开始由我指定。具体负责什么事项，由领衔人分派。若工作不积极主动，课代表领衔人可向他提出意见，同时向我反馈，我进行教育；若还不满意，领衔人可提出更换要求，人选由领衔人在非班干部之中挑选。但我与领衔人说，不到万不得已，一般不建议打击同学。惩前毖后，治病救人，若课代表有懈怠行为，以教育引导为主。

朱峻熙是一位非常认真负责的数学课代表领衔人，棋艺高，早在二年级时，便在桐乡市棋类比赛中拿得好名次。他酷爱数学，思维好，担任数学课代表领衔人，名副其实，他的数学课代表的工作，认真负责到感人。谁不完成作业，谁漏了订正，他会查得一清二楚，为数学老师减轻了许多负担。如果下一节是数学课，只要下课铃声一响，朱峻熙就会离开座位，来到老师工作桌边，大声喊："数学组长快来发作业本！"风雨无阻，雷打不动，一定会在何老师上数学课前，把课堂作业本发到同学手中。何老师多次向我表达，三班的数学课代表认真负责，作业本检查不需要他操心，真轻松。

每天语文课最多，语文作业本也最多，包括家校联系本、语文课堂作业本、作文本、听写本等。与语文课代表团的磨合花了一点时间。如果我第一节有语文课，批阅家校联系本要在第二节课，我要求课代表在第二节下课时来办公室拿。如果第一节我没有课，那我会在第一节课时批好，我要求第一节下课时,课代表们来办公室拿。如此一来,语文课代表团每天不是第一节下课,就是第二节下课,便要到办公室拿家校联系本,的确不容易。下课的时候,可能还要完成一下剩余作业,或者到老师那面批面改,忙得喝口水的时间都没,还要来办公室拿家校联系本。

课堂作业本的订正,班上几位弱点的孩子,要催促很久。如此一来,课代表时不时需要上办公室与我沟通。毕竟年幼,如此高频到办公室,课代表不是很适应。经过反复指导、批评与磨合,孩子们找到了规律,越来越会帮我做事了。

苏霍姆林斯基说,要培养学生对一门学科的热爱之情,哪个学校里各科教师的教学,好像汇合成了一种各自都在争取学生的思想和心灵的善意的竞赛,那么这个学校的智力生活就会显得生机蓬勃。

学科行家,课代表团,既是老师的有力好帮手,又带动了一批中等学生成为了学科尖子生,培养他们对学科的热爱之情,点燃他们对这一门学科的热爱火花。在课代表这样的光环下,孩子的天赋素质得到发展,爱好、志向得以确立。

中等学生在腾飞,课代表团在奋斗!

后 记
Postscript

不断朝向明亮那方

我与鸿鹄班有个六年之约，心心念念地想陪他们至毕业，但2020年8月9日突如其来的谈话，让相约梦碎。所有的际遇，都是上苍冥冥中的一种安排。

我一如既往在微信群与家长、与孩子们互动，继续我的耕耘。直到8月23日那天，我正式在微信群呈上道别之言——

教孩子们四年，扶孩子们上车，陪孩子们一程。猝不及防，还没来得及与他们好好说声再见，道声珍重，我就要下车奔去别的车站迎接新的孩子上车。四年，爱与欢笑，泪与奋斗，美好与记忆，留在我们彼此的心田。这段时间，沉淀太多的不舍与依恋，我将一一细细珍藏……谢谢亲爱的家长朋友们一路的支持与配合，谢谢亲爱的孩子们日渐勤勉与上进。最真的祝福，送给每位孩子：愿好好学习，天天向上！最美的祝愿，送给每个家庭：愿家庭美满幸福！

感恩，我的教育旅程中，曾与你携手同行！

离别的车站上，笙歌已悄然响起。还没来得及好好爱孩子们，转眼已分开。

当我读着一句句感人肺腑的惜别之言，当我收到孩子们情深意长的小礼物，当我拿到家委会特意定制的弥足珍贵的纪念册（收录了56位孩子书写的一封封情真意切的感人的信），品读着饱含不舍之情的序言，当我收到家长赠予的"辛勤耕耘传道授业,新时代人类灵魂工程师"的锦旗,我体验着为人师的幸福,内心泛起阵阵涟漪,感动不已。

四年的日日夜夜,从秋到冬到春到夏,带领着孩子们不断战胜自我,不断朝向明亮那方,为做一个更好的自己,努力着。

除了语文方面日不间断的阅读课程(亲子阅读课程、创建书香家庭课程)和积累课程,还有班级文化艺术节、微信群微讲座课程、才情课程、家委会合作课程……是活动丰富了孩子们的诗意童年,是活动让孩子们才情飞扬。积极状态思维下的班级管理,让班级朝着一个良性方向前进,从良好到优秀,不断走向卓越。我见证了一位位孩子的蜕变和成长。

四年,1400多个日日夜夜,相聚一起,汇成了一首难忘的歌。趋步趋长,我的教育人生走向了一个我意想之外的巅峰。2018年,我评上特级、正高,成为"双料王",实现了从站在台前接受考验的角色,到评委、专家的蜕变。时而不经意说起我的工作历程,从最原生态的简陋村小启航,一步一步,朝着前方,慢慢走,走着走着,额外的奖赏伴随而至。

这何尝不是鸿鹄班的家长们、孩子们给我的一种成全呢?他们给了我灵感,给了我做老师的幸福,激励我无怨无悔地承载与奋斗。

四年,时光的长河里,稍纵即逝。感谢勤奋的自己,不断地耕耘、记录,留下了两本书。

《一间暖暖的教室》记录了鸿鹄班一到三年级的班级生活,当我拿到散发油墨清香的新书时,刚离开他们在尚阳小学教书。我网购了56本书,花了几个小时,在书的扉页上写句嵌名诗,赠予他们——

1. 高　辰　　　高峰攀登永向前,辰光美景祥云伴
2. 陈张瑞　　　张开双臂奔前方,瑞气祥和紧相随
3. 张洪翊　　　洪福无量恩泽润,翊翊展翅冲苍穹
4. 全思丞　　　思想深邃好男儿,丞郎翩翩志向远
5. 孙一立　　　一心耕耘收获丰,立下宏愿前程灿
6. 朱笈弟　　　笈书拼搏今朝,弟子好运如潮
7. 钱予泽　　　予以向上且奋起,泽恩润泽又美好

序号	姓名	寓意
8.	张熠宸	熠熠星光璀璨，宸宇大气轩昂
9.	钱 灏	钱家小儿勤奋郎，灏瀚无垠世无双
10.	黄佑宸	德佑天下心自宽，宸宇浩瀚福无边
11.	王诚斌	诚心好学向前，斌斌文武双全
12.	徐逸航	逸洒人生勇向前，航行万里志高远
13.	朱峻熙	峻险高山君勇攀，熙光灿烂傲群雄
14.	金煜翔	煜耀光彩夺目，翔宇腾达向上
15.	李鸿煜	鸿志满天心飞扬，煜烁生辉美名扬
16.	朱天乐	天天勤学且向上，乐满眉梢福相随
17.	张舒元	舒展身手向前奔，元帅非君莫属
18.	章佳一	佳名远扬非梦，一心一意志坚
19.	陈 誉	陈家儿郎非一般，誉名天下四海扬
20.	金乐轩	乐学向上志高，轩宇气质高贵
21.	冯旦晨	旦复旦兮日月华，晨曦微露勤为先
22.	徐宇梵	宇宙浩瀚无垠，梵音缭绕福浓
23.	唐翌展	翌日志向高远，展翅翱翔苍穹
24.	宋予栋	予己无限要求，栋梁非君莫属
25.	黄睿涵	睿智幽默诙谐，涵养高深辽远
26.	朱容川	容光焕发雄楚天，川流不息奔到海
27.	魏 辰	魏家大儿志向远，辰时祥瑞美名扬
28.	沈丹宁	丹艳凝香君娇俏，宁静祥和福恩泽
29.	张书瑶	书香遐迩静无华，瑶华境美一娇娃
30.	徐雨彤	雨过天晴好运随，彤云绚丽靓无双
31.	魏王珺	王冠明珠熠熠辉，珺璟四射美瑰宝
32.	邵心近	心语星愿常祝福，近水楼台好运随
33.	沈欣怡	欣欣向荣草木生，怡人风景乐无忧
34.	张 涵	张家娇娃讨人喜，涵养深厚又伶俐
35.	王朱靓	朱门轻启福禄随，靓丽女娃学养深
36.	朱钱昕玥	昕曙日升诸事顺，玥恬娉婷诸人爱

后记

37. 夏雨萱	雨水润泽人生趣，	萱草蓬勃乐无忧
38. 易子昕	子衿青青才华溢，	昕曙日升蓬勃运
39. 沈笑妍	笑颜常绽气自华，	妍姿生辉学问深
40. 金诗嫒	诗书满腹世无双，	嫒淑贤德美娇娃
41. 沈嘉懿	嘉禾丰收衣无忧，	懿德高风美名扬
42. 高熙雯	熙雍四海正升平，	雯华祥瑞好运来
43. 缪漪静	漪波轻漾迷人眼，	静心遐迩大事成
44. 邱金依柠	依偎情深林木深，	柠香缭绕讨人喜
45. 胡峻瑶	峻秀迤逦声悠扬，	瑶华芳菲气自华
46. 沈佳烨	佳人遥曳顾辉，	烨烨灿烂无比
47. 钱之微	之如常奋力拼搏，	微微一笑好运连
48. 贾斐斐	斐然文采奕奕，	斐尔光芒万丈
49. 杨陈蓉	陈酿醇口香，	蓉芙出水美
50. 陈铭佳	铭记好学于心，	佳人好运常随
51. 李宇玲睿	李家小女气自华，	宇气昂轩饱诗书
	玲珑可爱讨人喜，	睿智祥和世无双
52. 吴天欣	天上人间美景在，	欣欣向荣好运连
53. 马路傜	路边芳草碧连天，	傜傜文采斐然妙
54. 李　赞	李桃花开盛景美，	赞声一片贺华彩
55. 詹　轶	詹门小女好向学，	轶才不凡业有成
56. 郭以轩	以德为先男儿志，	轩昂气宇不自凡

一个个闪亮的名字，一张张熟悉的面庞，一句句励志的诗歌，书写了我与56位孩子的师生情缘，以及对他们的美好祝福。

《智慧班主任的带班艺术》这部书稿，全程记录的是鸿鹄班四年级的班级生活。最难忘这一场史无前例的新冠疫情，横空肆虐，第一次体验了居家学习的艰难和不安，第一次惶恐地感受到了互联网学习的强大。老师若不好好学习，也将面临时代的淘汰。

感谢鸿鹄班的孩子们、家长们，让我的教育生活日渐完满。

感谢桐乡教育、嘉兴教育的历任领导们，一直以来对我的关心与鼓励。

感谢学校领导们、同事们，对我和鸿鹄班的鼓励与帮助。

感谢我的老朋友——卢风保编辑，精心点拨，高位引领。

感谢自己，始终带着一颗初心，坚持跋涉，坚持实践，坚持记录。

诚挚感谢我的儿子。为师如我，兢兢业业；为母，少了些许耐心。谢谢他对不够完美的妈妈的体谅、理解。愿和他一起相约，一起成长，携手前进，不断朝向明亮那方，做最好的自己。

许丹红

2022.3.16